PHP新書刊行にあたって

栄を通じて平和と幸福を」(PEACE and HAPPINESS through PROSPERITY)の願いのもと、PHP研が創設されて今年で五十周年を迎えます。その歩みは、日本人が先の戦争を乗り越え、並々ならぬを続けて、今日の繁栄を築き上げてきた軌跡に重なります。

かし、平和で豊かな生活を手にした現在、多くの日本人は、自分が何のために生きているのか、どのよ生きていきたいのかを、見失いつつあるように思われます。そして、その間にも、日本国内や世界のみな地球規模での大きな変化が日々生起し、解決すべき問題となって私たちのもとに押し寄せてきます。ような時代に人生の確かな価値を見出し、生きる喜びに満ちあふれた社会を実現するために、いか求められているのでしょうか。それは、先達が培ってきた知恵を紡ぎ直すこと、その上で自分たち一人おかれた現実と進むべき未来について丹念に考えていくこと以外にはありません。

その営みは、単なる知識に終わらない深い思索へ、そしてよく生きるための哲学への旅でもあります。弊所が創設五十周年を迎えましたのを機に、PHP新書を創刊し、この新たな旅を読者と共に歩んでいきたいと思っています。多くの読者の共感と支援を心よりお願いいたします。

一九九六年十月

PHP研究所

PHP新書
PHP INTERFACE
http://www.php.co.jp/

鷲田小彌太［わしだ・こやた］

1942年、札幌市生まれ。大阪大学文学部哲学科卒業。同大学院文学研究科哲学・哲学史専攻博士課程修了。三重短期大学教授を経て、現在、札幌大学教授。専門は、哲学、倫理学。
主な著書に『ヘーゲル「法哲学」研究序論』（新泉社）、『昭和思想史』『天皇論』（以上、三一書房）、『現代思想』（潮出版社）、『倫理がわかる事典』（日本実業出版社）、『大学教授になる方法』『「やりたいこと」がわからない人たちへ』（以上、PHP文庫）、『新・大学教授になる方法』（ダイヤモンド社）、『入門・論文の書き方』『コンプレックスに勝つ人、負ける人』（以上、PHP新書）など、著書は170冊を超える。

社会人から大学教授になる方法

（PHP新書386）

二〇〇六年三月三日 第一版第一刷

著者――鷲田小彌太
発行者――江口克彦
発行所――PHP研究所
東京本部――〒102-8331 千代田区三番町3-10
新書出版部 ☎03-3239-6298（編集）
普及一部 ☎03-3239-6233（販売）
京都本部――〒601-8411 京都市南区西九条北ノ内町11
組版――有限会社エヴリ・シンク
装幀者――芦澤泰偉＋児崎雅淑
印刷所
製本所――図書印刷株式会社

ISBN4-569-64781-2

社会人から
大学教授になる方法

鷲田小彌太
Washida Koyata

PHP新書

社会人から大学教授になる方法

目次

序章 大学は社会人教授を渇望している

第1章 社会人から大学教授になる10の法則――事例紹介

第Ⅰ部　変わる大学と必要な人材

第2章　大学は斜陽産業ではない、競争市場だ

第3章　大学教授は任期制になる

第4章　社会人出身の教師に何ができるか

第5章 大学への転職には専門研究が必要だ

第Ⅱ部　第二の人生は大学教授に

第6章　社会人から大学教師を目指すための準備

第7章　定年後に大学で教える

序章

大学は社会人教授を渇望している

定年後、あるいは第二の人生として大学教師になれたら、という希望をもっている人は、潜在的数も含めると、非常に多いのではないだろうか？

同時に、大学のほうも、社会人経験者が、その才能を大学の中で発揮してくれることを望んでいる。残念ながら、まだ、そういう希望をもったタレントを採用する、しっかりした受け皿（システム）がない。

しかし、高齢社会の進行するなかで、大学がこれからも人材開発と研究開発部門として、大きな力を発揮しようとすれば、社会人からすぐれた人材を得なければならないのだ。

大学の見地から、社会人教師を渇望するメッセージを簡単に述べてみよう。

年収が下がっても、大学教師はまだまだいい仕事だ

現在、日本の大学教師の給料は、十分ではないが、いい。平均値では、アメリカの大学教師の倍近くの水準である。世間的には、十分すぎるほどに見えるかもしれない。

しかし、これからは、一部を除いて、給料は確実に下がる。任期制が導入され、地位が不安定になる。対して、大学における「課業」（職務）は確実に増える。大学教師は、職業ランクという点では、下落する。

だが、比較の問題でいえば、他の職業よりいい。アメリカの大学教師よりずっといい。こう断言できる。休暇＝自宅研修が、圧倒的に多い。地位はフリーランサーよりは安定している。定年は遅い。全休日を自分の裁量で（＝自由に）研究活動に振り向けることができる。研究好きの人にとっては、これほどの幸福はないだろう。

学問好き、研究教育好きの人にとっては、大学はまだまだ地上最高の楽園である。大学教師は最良の仕事部門に入る。

大学教師の仕事は、普通の職業人と隔絶した内容だ、と思われていた。特別の希望と、特別の修業を経た者だけがその門をくぐることができる、とみなされてきた。

そうではない、ということを公然と示したのが、拙著『大学教授になる方法』（1991年）である。それ以降、大学は大きな変化を経たが、大学教授になる「方法」は基本的には変わっていない。

大学教師になる方法は、拙著で示したように、二つのテーゼに集約することができる。

第1テーゼ。偏差値50程度の人でも、方法さえ間違わなければ大学教師になることができる。

第2テーゼ。大学卒業後10年間、研究生活に専念することが、その条件だ（ただし、社会人から転じる場合は、本書で詳しく述べるように、5～10年間、研究生活を続けることがその条件になる）。

だれでも、一定期間、毎日、フルタイムで研究活動を続けたら、大学教師になる門が開かれる、ということだ。もちろん、門は、自動的に開くのではない。これはすべての職業に通じることだろう。

いちばん難しいのは、毎日、研究活動を続けることだ。10年間である。しかも、自主的にだ。これは、平凡だが、難しい。強制がなければ研究活動を続けることが難しい人のためにこそ、大学院がある。

私は、この『大学教授になる方法』を世に出したおかげ（?）で、大学教師仲間から顔を背けられた。同時に、多くの人が、社会人を含めて、大学に新参入してきた。喜びにたえない。

ハイスピードで仕事をし、スローな時間をもちたい人に

万事が、ハイスピードで駆け抜ける時代に生きている。その一方で、スローライフが提唱されている。時代に背を向けた生き方か？　そうではない、と強くいってみたい。

実のところ、大学教師の仕事＝研究教育活動は、ゆったりしてはいないのである。正確には、ゆったりしていては、さしたる成果は上がらない。凝縮した、しかも、長い時間をかけた研究がベストに違いないのだ。高速で長距離を走る、という意味だ。

スローライフが求められるのは、ハイスピードを拒否するからではない。スローライフとスピードライフは、一対なのである。ホットライフとクールライフ、都会生活と田舎生活、とい

い換えてもいい。一方が他を不可避に要求するのだ。

ただし、民間企業では、長時間をかけた仕事が成果を上げることができなかったら、企業の存続にかかわる。大学でも、同じ問題が生じるが、比較して、もう少し時間の余裕がある。時間の余裕とは、自分が自由に処理できる時間も含まれている。より長期的な展望で、仕事の成果が問われるのだ。

ゆっくりとは、だらだらではない。ハイスピードで仕事をする。その後、スローな時間をもつ。田舎で、スローな仕事をし、スローで生きる。これを否定するわけではないが、こういう生き方は、稀だからいいのであって、大半がこんな生き方を選んだら、日本はすぐに衰弱する。もちろん大学だって同じだ。

私の場合、大学教師になって、何がいいかといえば、ど田舎でクールかつスローに生活しながら、大学がある都会でホットかつハイスピードで仕事ができることだろう。正確には、田舎の自宅は、大学教師にとって仕事場である。田舎にも、スローとスピードの二つの生活がある。私の場合がそうだ。

この点で、大学教師は、時代の「最先端」を生きることができる。もっとも、私は、この二重生活を30年間送ってきた。一度も最先端と思ったことはないが、しかし、気分がいい、とは思ってきた。

拙速を厭わない人に

「拙速」とは、rough-and-readyである。「できは悪いが、仕上がりが早い」ということだ。「粗製・乱造」ではないか。そんなタイプが大学教師になったらたいへんだ。こういうだろう。

大学の弊害は、締め切りがきちんとないことだ。期間内に、きちっとした解答を出さなくてもいい、先送りでも対応可能である、という習慣が強くある。

30年かかっても成果が上がらない研究課題を、悠々と追求している豪傑もいる。本当のところ、成果を上げる気などないのだ。

「若書き」といわれることがある。若いときに書いた作品という意味もあるが、未熟な能力と、不十分な準備の下で書いた作品を非難する言葉だ。

しかし、若いときにしか書けないものがある。拙速を厭わず、そのときそのときで、期限付きで書く、これが作品の精度を高め、生産力を上げるベターな方法である。

完璧を期すのはいいが、そういうものはいつまでもできあがらず、そのうち、賞味期限が終わって、たんなる未完の紙くずになる。

拙速には、失敗がともなう。試行錯誤である。しかし、その失敗にめげず、再試行する。そうすると、若いときできなかったことが、解決する。若いとき間違っていたと思えたものが、新しい問題解決の突破口となる。こういうことが生じるのだ。

40代には、30代にした仕事は、未熟に見える。ところが、30代の仕事を、はるか後の60代に見ると、「えっ、こんなことを考えていたのか」という驚き、新鮮感に襲われることがある。ラフ・アンド・レディ、トライアル・アンド・エラーを通じて、現在の仕事が存在するのである。拙速も試行錯誤もなしに、研究成果は出ない。拙速を厭わない人が、大学に参入されることを望む理由だ。

専門の著書をもちたい人に

「私も、あなたも、書く」という時代になった。特に、パソコン（ワープロ）が出現して以来、著書をもつ人がケタ違いに多くなった。自費出版を主業とする出版社が、刊行数で首位に迫る勢いを示しているのも、この時代の現れである。

著書はもはや特殊な人の特殊な産物ではなくなった。知的活動を仕事としている人に向かって、「著書は名刺代わりだよ」ということにしている。

しかし、著書をもてばいい、というものではない。自分の本質（魂）を注ぎ込んだ、自分の分身を意味する作品をつくりたい。こう思う人は少なくないだろう。

特に、自分が長い間専念してきた専門領域に関する著書を書きたい。しかし、専門書を書くのは簡単ではない。専門分野のことを、ルールを含めて知らなければ、まったく筋違い、お門違いのものを書いてしまう。そういう専門書を装いながら、非専門的な著作を残すと、笑い話ではすまされない。とんでもない人間だ、詐欺に等しい、という評価を受ける。

専門の著書をもちたい人は、大学院に入り、論文作法の訓練を受け、大学教師になって、学術誌に、論文を発表する。その繰り返しのなかから、著書が生まれる。こういうプロセスを踏むのがいい。いきなり、素人のまま書いて、それが学術著作、専門書として評価されるなどというのは、稀の稀である。「ない」と思ったほうがいい。それを試みるのは、無謀というか、無駄な試みである。

それに、大学教師になったのだ。自分の専門領域で、著書の一つや二つなくては、面目が立たないではないか。仕事の成果を示したことにはならない。

定年後の楽しみとして大学教授になることを勧める

定年後の仕事として、大学教師も、一つの選択肢になる、ということだ。格別いい仕事になるかどうかは、あらかじめ決まっているわけではない。

しかし、定年後、知的に生きることを望む人にとっては、職業としてベターであるだけでなく、それに打ち込むことができる。したがって存分に楽しむことができる職業である、と思える。何がいいって、その仕事に熱中できることである。そして、熱中しても尽きることのない仕事であることだ。大学教師の仕事とは、この意味で、高齢社会を生きる、定年後の仕事として、最適なものの一つである、と断言できる。

ただし、楽しく生きるとは、自由気ままに生きることではない。自由気ままな生き方を含むが、その中核に仕事のある生き方である。その仕事に熱中でき、その仕事の成果を求め、成果を得て、それに対する評価を得られたら、最上である。大学教師の生き方も、これと変わらないのだ。

私は幸運にも、大学に職（専任講師）を得ることができた。33歳の時で、最初の勤務校は小さな県都にある公立短大だった。辞令をもらいに行ったとき知らされた初任給は、それまで稼いでいたアルバイト総給料の約半分である。予想はしていたが、あまりの低さに仰天した。学長から、「鷲田先生、わが校は給料は低いが、その代わりいくらアルバイトをしてもらってもかまいませんよ」といわれたときは、開いた口がふさがらなかった。

しかし、三人目の子が生まれる予定の私たち夫婦にとっては、次年に「職」（臨時職）がなくなる不安のほうが強かった。文句などいえるわけがない。最低限度とはいえ、生活（生きる）拠点ができたのだ。大げさにいえば、橋頭堡《きょうとうほ》である。それでも、この短大にいた8年間、週2日、昼間と夜間のダブルヘッダーの非常勤講師をやめることができなかった。

1週間のうち4日、朝6時の始発に乗り、夜12時に終電で舞い戻るという日が続いた。研究時間がない。まとまった執筆時間は望めない。30代のもっともエネルギーのある時代だ。研究熱はありあまるほどある。だから時間が欲しい。ところが研究のための費用（ほとんどは書籍・文献代）がいる。

こうしたジレンマに悩まされるのは、私だけではないだろう。しかし、幸運にも、大学には長期休暇がある。およそ年に4カ月強の長さになる。その期間は勇躍、書斎に閉じこもり、勉強漬けになることができる。

おもしろいもので、休暇になると、朝の目覚めがいい。いつもより早く、いそいそと起き出す。ときに長い物を集中して書かなければならないとなると、家族は郷里に引き取ってもらう。夏の関西は暑い。雨戸をほぼ閉め切って、光を遮断し、読んでは書き、書いては考え込み、書き直す。はっと気がつくと、まわりは真っ暗だ。「今日もビールで豆腐か」と板の間にあぐらをかいて独酌《どくしゃく》することしばし、そのままゴロリと横になる。眠り込む前に、一瞬だが、「ああ、こんな日が来るなんて！」というかすかな満足感がかすめてゆく。

現在の勤務校に移って、ようやく家族が生活していけるだけの給料をもらうことができた。存分に研究時間を得ることができるようになった。小高い丘の無人の過疎地に盤踞《ばんきょ》して、研究活動に専心できるようになった。定職を得てから30年がたったことになる。

第1章

社会人から大学教授になる10の法則

——事例紹介

最初に、大学教師になる法則を、10にかぎって提示したい。ただし、事例紹介がメインになる。

「新・大学教授になる方法」を「エグゼクティブ」（ダイヤモンド社）で連載しだした1998年10月号から、『新・大学教授になる方法』を出した2001年11月の直後をピークとして、多くのメールをいただいた。それは、今日まで続いている。

そのほとんどが、未知な大学教師に挑もうとしている、あるいは挑んでいる、あるいは大学教師のポストをゲットした、という本人にとっては、一身上の転換を図ろうとする切迫した文面である。これから大学教師になろうという社会人の参考になるものが多くを占める。

以下に紹介しながら、コメントを加えるのは、そんな中で、きわめて典型的な質問や、努力の結果報告である。どれも、現在でも私の心を強く打つものばかりである。じっくり読んで、参考にして欲しい。

第1の法則　準備は早ければ早いほどいい。しかし、遅すぎることはない

いちばん多い質問は、「大学教師になるには、もう遅すぎないか？」という質問である。大

学教師に適齢期はない。準備おこたりなく、といいたい。（〈　〉内は、鷲田の返信）

【事例1　高校中退から発奮して大学常勤ポストをゲットした】

（ＯＹ　20代　専任講師　2001/12　2002/01）

いつも鷲田先生のご本を読ませていただいております。特に10年前に読んだ『大学教授になる方法』『続・大学教授になる方法』は衝撃的でした。自分も大学教授になろうと志を決め、たゆまず努力した結果、高校中退という学歴にもかかわらず（もちろん『大学教授になる方法』を読んで博士課程は修了しましたが）、今年はＮ大学大学院非常勤講師、来年４月からはＫ大学専任講師になることができました。

　高校をやめて路頭に迷っていた10年前を思うと夢のようです。これも鷲田先生のご本との出会いがあったからだと、本当に心より感謝しております。

　今日も『新・大学教授になる方法』を購入してきたところです。これから読了まで至福の時間をすごしたいと思います。ありがとうございました。

あけましておめでとうございます。

先日はわざわざメールを頂戴いたしまして、本当にありがとうございました。年甲斐もなく感激してしまいました。

〈OY様
1　メールありがとう。あなたのようなお便りをもらうと、アア、私でも少しはお役に立てたのだなー、と感慨あらたです〉

いい本に出会えて幸せでした。
本は人との出会いと同様、人の人生を変える力をもつと思います。
僕もよい本が書けるよう努力しようと思います。

〈2　でも、これからですよ。あなたの本当の人生設計は。いい教師になるためには、自分にハードなトレーニングを課すしか方法がありません。それがあなたの身についたとき、あなたの仕事が楽しく素敵に思えるようになります。
3　大学人になっても「政治」にはよくよく気をつけて下さい〉

一番懸念しているところです。
どんな職業に就いても、飄々と生きていくのは難しいのでしょうね。しかし、研究の本分を忘れないよう初心を貫徹します。

〈4　『新・大学教授になる方法』は、大学教授論でもあります。お役に立てれば幸いです。
5　とにかく、おめでとう。一度お会いしたいですね。もちろん、あなたの就職に乾杯するために〉

ありがとうございます(*^_^)
本年はK大学の専任講師と、KJ研究所の研究員を兼ねます。もし機会がありましたらお目にかかれれば光栄です。
それでは、先生のますますのご活躍をお祈りしております。

●コメント

1　特にコメントを加える必要はないだろう。大学教師になろうとするなら、早ければ早いほどいい、という例である。

2　OYさんの最もいいのは、高校中退にもかかわらず、大学・大学院という正規のコースを歩んだことだ。これは大変そうだが、いちばん安全な道なのだ。ぜひ勧めたい。

【事例2　50代で非常勤講師のポストをゲットした】

（OK　男　50代　2003/01）

私は、先生が以前暮らしたM県に住む50歳になるライターです。

かつて読んだ先生のご著書『大学教授になる方法』を一つの励みとして、ライターの傍らこれまで5冊の著書を上梓しました。

当然とはいえ、実力不足に加えテーマの非時代性もあり、これまで大学には届きませんでした。

しかし、この4月からN市の大学で、一般教養科目の非常勤講師を務めることとなりました。

この僥倖《ぎょうこう》に対し、さらに上を目指して最大限の努力と情熱とを傾注するつもりです。

先生の御本のおかげと深く感謝いたします。

ところで、一つ質問があります。

先生の『新・大学教授になる方法』の157頁に、「定職を得るためのアプローチ方法とは」として、思い切って履歴書等を大学に送れとあり、何人かがこれで就職できたとありましたが、ちなみにその方々はどのような名目で、大学のどのような部門宛てに書類を送られたのでしょうか。

御承知であれば、ぜひお教示願いたく存じます。

●コメント

１　ＯＫさんは、50代で非常勤講師のポストを得ることができた。必ずしも僥倖ではない。非常勤のポストは、チャンスがあれば、特に常勤の教師とコネがあれば、比較的簡単に得ることができる場合もある。

２　ＯＫさんの質問だが、大学で自分と同じ専門を担当する教師に送るのが最もいい方法だろう。しかし、現在では、公募はすべて公開されている。拙著公刊時（91年）以前のように、履歴書を直送する必要は大幅に減じた。

３　ＯＫさんのように、ライターが定年前に、大学教師になろうとするケースは、非常に多い。そして、実際これまでは、ライターや新聞記者が大学教授になるケースは比較的多かった。でも、専門性と研究意欲に欠ける大学教師が多く出たため、ずいぶん評判を落としたことも事実だ。

第2の法則　専門的知識や技術を身につけた強みと弱みを自覚せよ

大学教師になろうとする社会人が、すでに一定水準の専門性を身につけているのは、有利な材料である。だが、知的再訓練がなくとも、大学で研究や教育活動をスムーズに行える、と考えると、予想外の困難に出会うことになる。

【事例3　実践力と研究熱意を買われて、はやばやと大学教授に】

（TS　男　40代　証券マン→博士課程→大学教授　2001/12　2002/02）

鷲田先生の『新・大学教授になる方法』を一気に読ませていただきました。これから大学教員になりたいと思っておりますサラリーマンの私にとって元気がわいてくる本です。全体に流れているトーン「なりたいと思うからなる」「学びの楽しみがわかって実りある老後を迎える」などは私が日ごろから感じていることで共感を覚えます。

私のことで恐縮ですが、M証券に約20年勤めた後、Mビジネススクールで会計・財務の専任講師をやる傍ら、去年秋より社会人ドクターとしてT大学博士後期課程に属しています。40代後半からスタートした研究活動ですが、大学教員になるのに年齢は関係ないという先生のご指摘は噛み締めるように読みました。

T大の要件で査読付論文が2本必要ですが、今年1年間に書いた論文は4本。結局、雑誌を替えて査読に通ったのは1本だけ。実務ではある程度できると思っていた私にとってこんなに厳しい（変なことをいうレフリーがいる）とは思いませんでした。最近、リジェクト（拒否）にあって気が滅入っていたとき、T大生協で先生の著書を目にして買って読みファイトがでてきました。

●コメント

1　TSさんも、50歳間近で大学教師になる人生コースを選んだ。すばらしい！

2　TSさんは、長年第一線で活躍し、専門学校で教えているベテラン実務家だ。その彼が、40代後半から、一念発起して、ドクターコースに進み、満を持して論文を書く。
ところが、4本書いて1本しか通らなかった。TSさんは、この厳しさに驚いているが、最初の1年で書いた論文が、T大学のレフリーで、1本でも通ったのは、よほどいい論文だったからではないだろうか？　実務の専門性と学術論文の専門性とは、スタンダードが異なるからだ。

ただし、この区別をせずに、論文も形式さえ整っていれば掲載する「紀要」（学内研究誌）も数多くある。

……このたび、半ば様子見で公募に応じたH大学教授に運良く内定し、ついうれしくてメールをさせていただきました。これから研究三昧の日々を送りたいと思います。実は査読付をもう一本獲得し課程博士をねらう今年が勝負と思っていました。

ただ、もうT大で社会人博士課程は続けられません。教員になった以上論文博士しかなくなりました。査読付のrequirement（必要条件）が2本から5本になります。

先生の著書P241「社会人出身者の弱点」を戒めに、次はT大で論文博士を目指し頑張ろうと思います。

●コメント

3　TSさんの事例は、幸運の部類に属するのだろうか？　そうじゃないだろう。専門実務と、それをバックにした研究（熱意）が、大学に迎えられた理由だろう。そう確信する。それに、ハードな研究を強いる大学院で学んだ、ということも効いているだろう。

4　博士論文を書く。これはいいことだ。研究活動の励みにもなる。

【事例4　専門官の仕事を活かして、大学教師に転じたい】

（ET　国際機関勤務　コロンビア大大学院修士了　2005/6）

初めての、しかも突然のお便りをする非礼、お許しください。

私は、現在、国際機関B地域事務所、国際児童関係の部署で専門官をやっております、ETと申します。

今、先生の『新・大学教授になる方法』を拝読している最中で、ぜひご相談したくメールを差し上げました。

私は、現在当部署で9カ月在勤し、あと1年10カ月ほど勤務する予定です。当機関の前はユニセフのP事務所で1年間勤務しました。その後はぜひとも大学教官となり、「T国の社会文化における人権保護基準」をテーマに研究及び学生指導を行っていきたいと思っております。

今回先生にご相談と申しますのは2点ございまして、1点目は、先生の著書でも、公募のホームページでもよく見る基準が、「博士課程修了、もしくはその同等の能力のあるもの」で、教官プロフィールには博士課程単位取得退学の学歴の方は多いようですが、純粋に修士課程修了といった学歴ではどう取り扱われるのでしょうか。私は2000年に米国コロンビア大学大学院国際問題学科の修士課程を修了し、修士の学位（国際問題学）をもっておりますが、この学位で公募に応募し採用の可能性はいかほどでしょうか。

また、いまできる準備としては学術論文を執筆し専門誌に発表をしていくことを考えておりますが、その他にすべきことはございますでしょうか。

私はできれば国際機関の後、1年間くらいはT国の大学に就職し、そこで更に研究、教育経験を積み、その間に日本の大学へ応募したいとも考えております。

先生の著書をはじめ、いろいろ調べてはみたのですが、以上述べた2点につき、未だ疑問があります。

先生におかれましてはご多忙のこととお察しし、大変申し訳ないお願いではありますが、ぜひとも先生よりご教示いただければ嬉しい限りでございます。


まず、私の返信を紹介する。

〈ETさん
1　返答が遅れて申し訳ありません。
2　ご質問の件ですが、
①「博士課程修了、もしくはその同等の能力のあるもの」は、一応のものです。あなたのコ

ロンビア大学大学院国際問題学科の修士課程修了と、修士の学位（国際問題学）は、十分この基準をクリアーしていると思います。ただし、博士の学位があると、完璧ですが。

②「いまできる準備としては学術論文を執筆し専門誌に発表をしていくこと」とありますが、学術論文がなければ、タレント以外は、審査対象にならない、と思って下さい。もちろん学会には入っておられるでしょうね。学会で発表するということも大きな審査材料になります。

③常勤、非常勤いずれでも結構ですから、Ｔ国の大学で教歴を積むことは、とても重要です。

④ところで、これは蛇足かもしれませんが、研究テーマについてです。公的には、もう少し広いテーマにするといいのではないでしょうか？　その広いテーマの一環として「人権保護基準」解明もある、というものです。

３　これは私からのお願いですが、近く「社会人が大学教授になる」というテーマの仕事をすることになります。もしよろしかったら、あなたの志望動機、研究・仕事歴、人生観、ご家族等のこと等々、なるたけ詳しく教授下されば幸いです。ご高配下さい。

４　あなたの計画、うまくいくといいですね。あなたの職歴や研究テーマは、これからの日本で最も求められているものの一つです。慎重にしかし着実に進まれると、希望は叶えられると思います。頑張って下さい〉

●コメント

一つだけ加えよう。「専門」は研究者が決めるのではなく、学術的な一応の基準がある。自分の研究領域のセールスポイントをうまく表現しなければ、学術研究として認められない場合がある。ETさんの研究課題では、特殊個別地域研究にすぎないとみなされる危惧がある。仕事上の専門と、学術上の専門をうまくリンクさせる必要があるのだ。

【事例5 専門的職と専門研究職との違いとは?】

（NT 50代 金融関係勤務 2001/12）

鷲田先生の『大学教授になる方法』を以前に読んでから、自分もチャンスがあれば、大学の教員になりたいとの希望をもっておりました。

最近『新・大学教授になる方法』を購入し、わくわくしながら読みまして、なんとか実現できないものかと強く思うに至りました。

私は現在50歳の会社員（金融機関勤務）、人を教え、育てることが従来から好きで、会社でも若い社員の教育に情熱を傾けてきました。海外勤務（約12年）では、現地の社員の教育に関与してきました。

そこで、最近インターネットの公募欄を検索しましたが、学歴がない（国立大学の法学部卒）、研究歴がない（会社の系列のシンクタンクに一度執筆の経験あるのみ）、年齢制限等でとてもだめかと、気落ちしておりましたが、公募欄の中でM大学の留学生への修学、生活指導及び日本語教育の教官（常勤講師）は、条件が緩やかで私の経歴でも多少希望がもてるのではないかと思われ、応募も考えております（50歳以上60歳未満、大学学部卒以上、日本語教育が出来るものというのが応募条件です）。

そこで、まことに唐突なお願いで失礼とは存じますが、鷲田先生に次の点についてご教示頂きたくお願い致します。

①留学生への生活・日本語指導教官というポストは、採用条件が緩やかであるだけに、たとえ「講師」であったとしても特殊な立場とみられないか（他の教官と比べて低いランクとみなされているのではないか）という点です。

②また、このポストは一生「講師」のままで今後昇進はないとのことですが、こういう待遇は他のポストでもよくあることなのでしょうか。

初めてのメールで突然このようなことをお尋ねし、申し訳ございませんがアドバイスを頂ければうれしく存じます。

●コメント

1　正直いって、こういう質問に答えるのは難しい。学卒だけで、教育歴、研究歴、業績がないのに、即、常勤のポストを望んでいるからだ。留学生相手のインストラクター（講師）の公募はかなりある。だが、競争相手も多い。セールスポイントがなければ、NTさんの現状では非常に不利だ。

2　①に対して。インストラクターは教育職で、研究職ではない。教授会のメンバーである研究教育職とは異なる。したがって、通常の研究職に付随する待遇条件（研究室・研究費・内外研修・長期研修休暇・論文掲載等）はない、あるいは、少ない。これを低いポストと見るか、職種の違いと見るか？　私は職種の違いと見る。

②に対して。こういう待遇は他のポストでもよくある。しかし、インストラクターも、在任中に、研究と教育の実績を積み、業績を上げれば、当然、研究職に挑戦できる。つまり、エスカレーターで昇格することはない、という意味でだ。

3　私には、NTさんがポストの性格を気にする気持ちがわかる。しかし、研究業績のない人が、研究職に就くのは難しい。研究職でないのに、研究条件を要求するのは無理である。常勤ポストも、不適任と思われたら、当然、解約される。

第3の法則　大学院は出ておいたほうがいい

【事例6　大学院へ進もうと思うが、公費留学制度はあるか？】（WM　女　30代　2003/03）

✉1　私は、大学を卒業し30歳を過ぎましたが、30代から大学院に入り大学の常勤講師となる場合、年齢はどのくらい不利になるのでしょうか。採用には、年齢制限は何歳位までの場合が多いのでしょうか。

2　今から、海外の大学院に入る道もあると思いますが、やはり、日本の大学院に入ってからのほうがいいのでしょうか。

3　大学時代の専攻は仏文学だったのですが、英文学へ専攻を変更する場合、問題はないのでしょうか。他学部への変更はやはり難しいでしょうか。

4　英文学の専攻は募集も多いと思いますが、地元に戻っての大学の採用は難しいでしょうか。

✉先日は、質問に答えていただき有難うございました。先生の、温かさが感じられました。大学院について考えていると、また疑問がわいてきました。質問を箇条書きにしますと、

①公費留学というのは、どのようなものなのでしょうか。外国の大学院に留学する場合に、大学に在籍していなくても、応募することは可能なのでしょうか。難関の試験があり、期間や、留学先の大学院も決められた中から選択しなければならないのでしょうか。省庁や政府のホームページでも、公費留学は見当たらないのですが、どこで、募集しているものなのでしょうか。政府以外にも、財団法人等で、募集しているところもあるのでしょうか。

②大学時代の専攻は、仏文学でしたが、他学部とはまったく別の分野、例えば、現代の国際政治を研究テーマにして、国際政治を専門分野にする、政治学専攻等になると思いますが、そのようなまったく別の分野の専攻への学部時代からの変更というのは、不利になる点が多いでしょうか。自分の興味関心から専攻を選択するよりも、今までの知識の蓄積を重視すべきでしょうか。

③国文学も専攻の選択で考えているのですが、司馬遼太郎や大江健三郎等、新しい時代の作家は、大学院入試の提出論文や研究計画書を提出する際の研究テーマ、大学院やその後で研究するテーマとしては、避け、古い時代の作家にしたほうがいいのでしょうか。

④大学院に入学する前に、別の大学の大学院でも聴講生として入り、情報を取り入れたり、刺激のある環境に身を置いたほうがいいでしょうか。

二度にわたって、詳しく回答したが、残念ながら、両方とも、私のメールボックスに残っていなかった。そこで、改めてここに再現してみよう。

〈1　大学教師採用の年齢制限は、常勤の場合、最高70歳である。公募は、それぞれの大学の年齢構成を考えて、行われる。

あなたが常勤講師に応募しようとすれば、それにふさわしいトレーニングと業績を上げる必要がある。30歳なら、年齢の障害は少しもない。あなたがいうように、大学院に行くのがベターだろう。

2・3　大学院は、日本でも外国でもいい。語学の教師を目指すなら、外国の大学院のほうがベターだ。

4　英語のインストラクターは、非常勤の場合、比較的、職を得ることは簡単だ。大学の英語担当の教師にコンタクトをもつといい。常勤の場合、競争者が多いから、実績（非常勤講師の経験や業績）が問われる。

①公費留学には、推薦母体が必要だ。ほとんどが、大学であり、学会だ。したがって、大学にも、学会にも属さない人が公費留学生になることは、きわめて難しい。それに、私費でゆく算段をしたほうが、早い。

②大学院で専攻を変えるのは、一般的にいって、不利ではない。仏語学をベースに政治学を専攻する。仏語もできて英文学を専攻する。これはむしろ利点になるだろう。問題は、別な専攻を選んで、大学院の試験に受かるか、である。また、あなたの仏語の実力が、それをベースに、たとえばフランス政治史関連の原書を読みこなせる水準にあるかどうか、だ。

③現在は、専攻テーマが司馬遼太郎でも大江健三郎でも、問題はない。私の知人で、北大の大学院・助手を経て、近畿大の学芸学部の助教授になったKさんは、大江健三郎を研究テーマにした。

④目指す大学院があれば、そこの聴講生になり、教授にコンタクトをもったり、情報を得るといいだろう。わざわざ別な大学院に入る必要はない、と思う〉

●コメント

WMさんの質問には切実さがある。しかし、この程度の質問内容は、私の著書を読めば、ほぼ納得できるはずだ。大学教師を目指すものは、少なくとも、自分で調べた、しかし、どうもここがわからない、どこにも書かれていない、それで質問したい、という程度のものでないと、自己研究＝探求者の資格が問われかねない。

プロの作家にインタビューしながら、「あなたの主要著作は何ですか？」と聞くような人に、インタビューアの資格はないだろう。

第4の法則　学術論文と学会発表はあったほうがいい

【事例7　学術論文とは何か？　発表媒体との関係はどうか？】　（NH　40代　2003/6）

先生の名著『新・大学教授になる方法』を購入し、繰り返し読んでおります。初めてお便り致します。

NHと申します。M大学文学部卒業後、奨学金を得てアメリカの大学院の修士号を取得しました。その後約10年、州立の学校で日本語・英語（ESL）を教えながら、R大学大学院の博士課程で勉強を続けてきました。あと、論文作成だけです。日本の大学の教員になるのが目標です。大学教員になるためには、第5章から「研究歴」と「研究業績」が重要、第7章から学術論文が必要であることを学びました。学術論文の学術誌・学会誌での掲載が、研究歴・研究業績につながると理解しました。

本日は学術論文について質問させていただきます。アメリカで学術誌・学会誌に相当するものをJournalと呼びます。現在、どのJournalに論文を投稿するか選定の最中です。同時にそこで発表された論文を読み、かつ自分の論文のpolish（研鑽）に努めております。以下の質問にお答え頂ければ誠に幸いです。

（1）ProceedingsはJournalと見なせますか。

Society（学会）が主催するConference（協議会）があります。論文発表の場です。幾つかのSocietyがConferenceのProceedings（議事録）を出版します。学会のConferenceの報告書と訳せばよろしいでしょうか。その報告書にConferenceで口頭発表された論文が掲載されます。Conferenceでの口頭発表資格審査に論文が通らなくてはなりません。一般の学会誌と比較した場合、おびただしい数の論文がそのProceedingsに掲載されます。Proceedingsに掲載された論文はJournalに掲載された論文と同等に扱われますか。ところで、アメリカで研究業績はPublications（出版物）に相当します。アメリカ人の教育者は、研究業績にProceedingsに掲載された論文を入れます。

（2）E-Journalは一般のJournalと同じ地位にありますか。

技術の発達に伴って、論文がオンラインで掲載されています。ある学会誌は電子及び一般の雑誌の形をとっています。ここで問題にしているのは、オンラインの形でしか出されていない電子ジャーナルです。ここで掲載された論文は、従来のJournalと同等な評価を受けるかということです。

（3）大学院生主体の学術誌は一般の学会誌と同等ですか。

そこの大学院生しか投稿資格がない学術誌もありますが、世界中の大学院生に投稿資格を与える学術誌もあります。審査員が大学院生の場合もあります。それが多いかもしれません。それに掲載された論文は、一般学会誌に掲載された論文と同等に見なされますか。

（4）日本の学会誌のほうが有利ですか。

日本の大学の教員になる場合、アメリカの学術誌に論文を投稿するよりも、日本のそのほうがよろしいでしょうか。現在、アメリカのそれに投稿予定です。理由その①：書きためてきたものが英語である。その②：日本の場合、年1回しか刊行しない（私の知る限り）のに比べて、アメリカの場合、年2回から4回刊行。チャンスが多いように思われる。ただし投稿者も世界中からのため競争が激しく、掲載率は変らないかもしれません。その③：先生の書かれた本の119ページが、最も大きな理由です（要約：学会誌・紀要での論文掲載は困難である）。目的達成（日本の大学教員）のため、敢えて日本のものを選ぶべきでしょうか。

（5）PrestigeかPublicationか（名をとるか実をとるか）。

研究業績は掲載された論文であり、一部の例を除いて、掲載されていないものは業績でないと理解しています。権威のある学会誌での掲載は、奇跡に近いものがあると思います。掲載を優先させるため、二番手（自分が知らないだけで三番手かもしれません）の学会誌を選定しています。権威のある学会誌に載らない論文よりは、二番手の学会誌であっても、そこに掲載された論文のほうが良い。先生はその考えをどう思いますか。

先生がご多忙で回答する時間がないことが予想されます。その際、先生に代る先生の推薦できる方に、ご回答頂ければ非常にありがたく思います。よろしくお願い致します。

以下簡単に答えよう。

答える前提として、学会（Society）も、学会誌も、千差万別である、ということを確認したい。学会は、学術研究を目指す研究者の組織、といわれる。しかし、個人、同人、講座、専攻科、学科、学部、学内、地方別、地域別、国別、国際、等々、そのカテゴリーは、性格、内容、水準等々、種々雑多である。ＮＨさんの学会は、日本の学術会議に「公認」された学会に相当する、とみなして話を進めたい。

1　学会発表の報告「要旨」は、「論文」ではなく、「学会発表」にカウントされる。

2　電子雑誌の形式をとる学会は、日本でも登場しだした。ただし、紙の学会誌も同時に出している（ようだ）。きちっとした学会なら、紙であろうと、デジタルであろうと、問題はない、というのが私の意見だ。だが、これが学会あるいは、学部の多数意見かどうかは別である。プリントアウトして、掲載アドレスを明記すれば、出所が明らかになるから、自ずと論文と認められる、というのが合理的解釈だろう。このような論文を拒否する学者はよほどの旧人か、変人だ。

３　大学院生の雑誌は、一般学会誌と区別される。ただし、問題は中味だ。私がセレクトした経験では、10本論文として出されたなかで、１本だけ学術的だと思えたものがあった。それは、大学院生の論文集に掲載されたものだった。ごく一部でしか、レフリー制度が確立されていない日本の特殊事情にもよる。

４　レフリー制度が確立している（といわれている）アメリカの学会誌に載ると、ある種の「権威」を帯びるのは事実だ。しかし、日本の学者に読んでもらうのである。邦語論文はぜひ必要だ。また、学会も、全国、ブロック、県、市町村、大学、学部、学科等々に分かれている。一年間に論文を複数出すのは可能だ。ただし、学会員として認められなければならない。

５　「権威」のある雑誌に載る論文とは、一定の水準を学会に認められた、という意味だ。だからいい論文だ、ということにはならない。教師を選考し、採用決定するのは、あくまでも大学、学部、学科、専攻科、講座の教師である。学会にも「癖」があり、大学の選考委員にも「癖」がある。

なお、ＮＨさんから、別メールで、履歴、研究活動歴、業績表等が送られてきた。アメリカで研究した人に特有な、詳細かつ見事なものだ。

第5の法則　しっかりした「専門」をもとう

【事例8　研究できるときに、研究を続行する。それが大学教師になる正道だ】

（TY　20代　海外留学6年　2003/1）

はじめまして。私は英国で大学と大学院修士課程を修了しました。そこで、相談ですがこのまま日本の大学院博士課程に進むほうが将来性があるのでしょうか。もうひとつは、博士課程に進学せず、非常勤講師になり、なんとか自立したいのですが。非常勤講師の情報は入手しましたので、なんとかやっていける可能性がありますが、果たしてどちらの選択が将来を考慮した上で適切な進路だと思われますか？

お忙しいでしょうが、どうか助言を与えてください。お待ちしております。

先日はお忙しい中、私の質問に答えて頂き誠にありがとうございます。恐縮ですが、再度、質問させて頂きたいと思いこの度お便りいたしました。

私は申し上げましたとおり、英国の大学及び大学院修士課程を修了した者です。大学時は、社会人類学と人文地理学を専攻し、大学院では環境人類学で学位を取得しました。将来は大学教員を志望しています。現在日本の大学で博士課程進学を考えていますが、経済的に余り余裕が無いというのが現状です。

そこで、現在の身で求職したいと漠然と考えていますが、研究実績の無い私でも教員の公募に応募して、採用される可能性があるのでしょうか？　具体的に修士から求職する場合どのような方法が公募以外にあるのでしょうか？　恐縮ではありますが、どうか私の質問にお答え頂ければ幸いです。

私の答えの概要は以下のようなものだ。

1　研究業績がなくて、公募に応募し、常勤の研究職に就くのは、一般的には困難だ。非常勤講師なら、可能性がある。ただし、公募の場合、競争があるから、業績が問われると、不利になる。

2　英国で博士課程に進み、博士号をとるほうがいいだろう。まだ20代だ。研究者は、ほとんどが経済的に余裕がない、というのが通則だろう。あまり虫のいいことは考えず、研究できるときに、夢中で研究をする、きちっとした「専門」研究を確立する、を第一とすべきだ。ごく単純化すれば、研究者とは研究する人のことではなく、研究業績（専門）をもつ人のことだ。

【事例9　専門を磨いてゆこう】（MK　男　30代　2002/12）

はじめまして、S県のS短期大学というところで講師をしていますMKと申します。

鷲田先生の著書『大学教授になる方法』および『大学教授になる方法・実践篇』を愛読し、昨春に教員になりました。現在の大学は2年目ですが、もしかして次年度、公立の4年制へ移るかも…という状況です。

お返事がいただけるとは思っておりませんが、鷲田先生の愛読者の一人として、また『大学教授になる方法』を読み、実践し、就職できた一人として感謝の気持ちでメールいたしました。

お忙しい日々をおくってらっしゃる様子ですが、どうぞお体ご自愛ください。

追伸　次年度、さらなる出世ができましたら、また報告いたします。

以前、一度メールをしましたMKです。お返事を頂戴し、感激しておりました。

その際に少しお伝えしていました就職の件です。来春より、I県の公立大学への就職が決まりました。割愛届けを受け、退職願いの提出準備です。それを終えたら現任大学が先方へ承諾の書面を出す…ということでしょうか。

Ｉ県の大学では社会福祉学部福祉臨床学科で、児童福祉コースの専任講師です。現在の大学で助教授昇格が決まっていたのですが、小さな短大の助教授より、公立４年制の講師を選びました。

寒い毎日ですが、鷲田先生もお体ご自愛ください。

●コメント

１　ＭＫさんは、「福祉」という「専門」を選び、常勤のポストを得た。おめでとう。そして、より研究条件のいい場所に移動した。よかった。努力が稔った。

２　福祉の専門家は沢山いる。しかし、福祉学という専門は、内外ともに、まだ存在しない、というのが私の見方だ。福祉学が専門＝学術研究として自立する、厳しいが悦ばしい道を自分に課して欲しい。

第6の法則　フルタイムで自学自習するスタイルがなくては

【事例10　休日にぱっと目が覚め、スタディに入る】　（ＫＷ　男　60代　2005/09）

残念ながら、研究が好きだ、好きでこそ学問、という趣旨のメールが一通も来なかった。遺憾である。それで、不遜にも、私の例を挙げる。

たしかに、大学教師になりたい、という人は、研究が好きだという。しかし、その好きかげんが問題なのだ。

研究が好きだ、をはかるバロメータ、あるいはリトマス試験紙がある。

1 毎日、時間が許すかぎり、仕事をする。仕事=研究をしていないと、気持ちが悪い。酒がうまくない。

2 大学に出なくていい「休日」には、早朝、ぱっと目が覚める。気がつくと机に向かっている。嬉々としてだ。

私が尊敬する谷沢永一、渡部昇一両先生がそうだ。したがって、退職後、ますます仕事量が増えるのも、当然である。

3 趣味をもたない。音楽会にも行かない。カラオケは酒場の延長で行く。

4 これは付録である。研究好きな人は、①政府関係の委員にならない、②学内行政に手を染めない、③アルバイトをしない、④家事・育児をしない、という渡部式を4則としたい。

第7の法則　どんな小さな「場」でも、チャンス到来と受けとめよう

【事例11 「大学教授になる方法」を実践して、ポストをゲットした】（HK　35歳　2002/6）

はじめてお手紙させていただきます。

突然の一方的なメールを差し上げることの失礼をお許し下さい。どうしても、ひとことご報告を申し上げたくメールをさせて頂いております。

私、現在、K大学教育学部に所属している、HKと申します。本年4月より、K大学に赴任した新任助教授です。

先生の著書『大学教授になる方法』及び『大学教授になる方法・実践篇』を熟読させていただき、多くの示唆と勇気をいただきました。その結果、ここ4年の間に教員公募に応じ続け、ようやく思いがかない大学の教官になることができました（25回目の公募書類が採用までたどり着きました）。ありがとうございました。

先生の著書の中にある「専門分野で論文数を増やす」「博士課程に進む」「非常勤講師以外の仕事はしない」等を、その通り実践させていただきました。

この度、採用までに至った背景には、多くの人のつながりや運などがあったものだと考えられます。しかし、先生の著書の内容を実践した結果、今回の採用があったものだと私は痛切に感じております。本当にありがとうございました。言葉では言い表わすことのできないくらい感謝の気持ちで一杯です。

以下に簡単に私の略歴を記します。

1967年　N県O市で生まれる

1986年　N県立高等学校卒業

1986年　J大学体育専門学入学（専門実技種目：ラグビー）

1990年　J大学体育専門学卒業

1990年　（株）N証券入社（約2年在籍した後、退社。学問を志すことを決意する）

1993年　O教育大学大学院教育学研究科入学（専門領域：体育科教育学）

1995年　O教育大学大学院教育学研究科修了（教育学修士）

修士修了後、地元に戻り、教員採用試験を受けながら教員（中学・高校の保健体育教員）を目指していましたが、教員採用の枠がないため職に就くことができず、呆然としながらアルバイトに明け暮れる時代へと突入。

1997年　大学院時代にお世話になった先生に声をかけていただき、S女子大学非常勤講師になる（週2コマ）。関西にて非常勤講師生活を始める。定職に就けない時代が続く。

1998年　結婚をする。翌年、子どもが生まれる。

２００１年　Ｂ大学大学院総合人間科学研究科博士後期課程入学。体育の世界もドクターをもっていないと就職の口にはつけないことを実感したため。
２００２年　Ｋ大学教育学部助教授に採用（担当領域：体育科教育学）。現在34歳。同時に、Ｋ大学博士課程は、公務員職務専念義務規定のため中退する。

履歴をふり返ると、５年間の非常勤生活を続けながら、論文数14（レフリー付き５［ファーストオーサー２］紀要論文９［ファーストオーサー５］）・学会発表数８の業績を作りました。専門領域（体育科教育学）を外さずに業績を作れたことが、公募を勝ち抜けた大きな勝因だと感じています。

幸い、専門領域である「体育科教育学」は、小・中・高校教員免許の必修科目になっているため、このような時代でも公募は毎年３～５件くらいありました。Ｋ大学の公募では、30人以上の応募があったようです。採用された現在においても、未だ信じられないくらいです。

非常勤と専任の待遇は、「天と地の差」があることを身をもって現在感じています。専任の待遇に甘えることなく、これからも研究活動・教育活動に邁進していきたいと考えています。また、博士課程も途中になってしまいましたので、論文博士で学位を取得するため、現在準備をしております。

少し長くなりましたが、どうしてもひとことお礼を述べたく、失礼を承知でメールをさせていただきました。今後も、先生の著作を熟読させていただき、人生の糧にしていきたいと考えております。ますますのご活躍を期待しております。以上をもちまして、失礼させていただきます。

突然のメールにもかかわらず、早速ご返信をいただき、ありがとうございました。驚きと同時に感謝の気持ちでいっぱいです。今晩、いただいたメールをプリントアウトして、妻と共に祝杯をあげたいと思います。

現在、私は、週に5コマの授業（講義3コマ・実技実習2コマ）を担当しています。こちらへ赴任してから、うれしい悲鳴をあげながら、授業準備に追われています。「研究は授業のためにする」という先生の言葉を肝に銘じ、これからの教員生活を充実したものにしたいと考えています。

また、お会いできる機会があれば、私のほうは、喜んで伺いたいと思います。お近くにお越しの際は、お声をかけていただければ幸いです。

以上、簡単ではありますが、ご返信とさせていただきます。ありがとうございました。

●コメント

1　コメントをつけるまでもない。大学教師を目指す人は、このＨＫさんのメールから、その履歴書を含めて、多くのものを学んで欲しい。

2　二つだけ注記しよう。一、ＨＫさんの経過は、ほとんど私のとダブることだ。文章の、句読点の打ち方も、私と同じだ。ちょっと怖いな、これは。二、最後にちらっと出てくるが、ＨＫさんの努力の陰には、奥さんの理解がある、と思える。これがなければ、研究生活は難しい。

第8の法則　収入や常勤にこだわらない。大学教授はフリーランスと見定めたい

【事例12　公認会計士から、MBAの教師に転職したい】（FS　30代　公認会計士　2002/10）

『大学教授になる方法』『大学教授になる方法・実践篇』『新・大学教授になる方法』を読ませていただき、大学教員に非常に興味をもちました。

私は現在30代半ば、無職です。大学在学中に公認会計士試験に合格し、その後会計事務所に勤務していましたが、勤務中は仕事のみ行い、研究活動はまったくしていませんでした。約15年勤務後、会計とは別の世界である経営学を学びたいという気持ちになりました。そこで今年になり退職し、受験準備中です。いわゆる日本の大学院のMBAコースに行きたいと思っています。

受験勉強する前は、修士課程にて実践的なことを学んだ上で、修了後はまた仕事に戻る予定で

した。しかし受験勉強をしているうちに、可能ならば博士課程まで進みたいという気持ちになり、博士課程もあるMBAを受験する予定でした。そんな中で先生のご著書を読み、大学教員の職業にあこがれ、MBAコースの教員になりたいと考えるようになりました。

大変ご多忙中恐縮ですが、以下の疑問点を教えていただければ幸いです。

1　日本でもMBAコースは今後とも増加すると思うので、教員になれる可能性もあるのでしょうか。それともこのようなコースは、実務の著名なプロがなるケースが多いので、可能性は乏しいでしょうか。

2　先生のご著書では、20代、30代は研究に打ち込む必要があると力説されています。そのように過ごさなかった私（30代半ば）は可能性は乏しいのでしょうか。

3　私は社会人対象のMBAコースへの進学を希望していますが、大学教員になるためには、学部生がストレートに進学する研究者養成課程（商学研究科や経営学研究科）に社会人として入学すべきでしょうか。

4　私は経営学（ベンチャービジネス論）に興味をもったので、それを大学院で研究しようと思っていますが、大学教員になるためには、仕事に直結した会計学関係を専攻したほうがよいのでしょうか（志望校は入学後ゼミを選ぶことになっているので、研究計画の変更が可能です）。

以上お手数ですがよろしくお願いいたします。

〈1　これから教師の需要はもっと増えます。可能性大ですね。営業用に、著名人を招いても、主力は「無名」（？）教師ですから、ご安心を。
2　30代半ばでも、遅すぎない。それに、あなたには公認会計士としての実務経歴がある。これは有利な条件だ。
3　ＭＢＡコースで問題はない。ただし、専門研究を課題としなければならない。
4　公認会計士の実務経験は、経営学を学ぶうえで、大きな利点になりえる。あなたの進みたいほうを選ぶといい、と思う。
5　ただし、覚悟すべきことがある。大学の教師は、総じて、収入は安定するが、低くなるということだ。ただし、あなたの場合は、私学に勤めると、二枚看板でゆける可能性もあるだろう〉

【事例13　長期計画で、建築士から大学教師に転職を果たした】　（ＳＴ　57歳　2005/4）

＊以下は、ＳＴさんの妻からヒヤリングしたまとめである。
1　ＳＴさんは、私のゼミ生（社会人入学）の夫だ。面識はない。Ｈ大学工学部建築工学を

経て、一級建築士として建設コンサルタント会社に勤めてきた。

2　大学教師になろうという転機はいくつかあるが、主要なのは、大学で同窓だったA大学教授と共同でバリアフリーのプロジェクトにかかわったことだ。何度か海外事情を知るため、同教授に同行したり、プランナーとして必要な資格取得に努めてきた。

もう一つは、団塊の世代が共通に抱く定年後の危機感である。STさんは、人生設計を再構築するため、大学教師を目指すことにする。その一環として、博士号をとるため、1999年、M大の博士後期課程に入学する。

H大ではなく、M大にしたのは、ここで非常勤講師をした経験と、A大学教授のアドバイスで、H大よりM大のほうが学位を修得しやすいという理由だった（これはよい忠告だった、と思われる）。

3　2002年、学位（「少子高齢化社会における地域再編計画」）をとり、2004年から1年間、A大学で非常勤講師を務め、2005年、公募で、人間福祉学部教授（「バリアフリーデザイン論」担当）に迎えられる。

●コメント

簡単に記すとこうなる。しかし、STさんの大学教師ゲット作戦は、貴重なアドバイスにしたがった、実に用意周到なものであることがわかる。以下が私の見解である。

1　会社の理解、了解がなければ、理系分野で、何度も海外出張をしたり、大学院に通ったり、博士論文作成に時間を費やすということは、とても難しい。たいていは、退職しなくてはならないだろう。STさんが、仕事や人間関係において、会社や同僚の理解を得るマナーの人だったからだろう。

2　同窓のA大学教授との共同、忠告、それにプッシュがあったればこそだ。「もつべきは友」だが、本人がいい友だちでなければ、このような関係は築けないのだ。

3　本人の仕事をベースに、新しい共同研究、研究課題の設定、学位修得、非常勤講師、というように、一つ一つやるべきことをこなして、ポスト獲得へ向かっている。無理がない。これは、誰もが見習いたい、とても大事なことなのだ。

4　選んだ研究課題がいい。本人の人生設計とも重なるところがある。今後に期待するところ、大だ。いい研究課題をもつこと、これはとても重要なのだ。

第9の法則　知的専門家になるのだ。まず専門研究に専念する

【事例14　指導教官と対立した祟りは大きい。研究成果で乗り越えるしかない】

（KH　30代　2001/12）

鷲田先生の「大学教授になる方法」シリーズの愛読者の一人です。先生の著書は励みになります。

私はY大学出身で、大学から修士課程にはスムーズに進学しました。そこで、決定的に指導教官と仲違いをしてしまいました。といいますか、理不尽な評価を受け、それはおかしい、と言っただけなのですが。弁護士に相談するに至り、研究の道は途絶えたかなーと思っておりました。

それでも研究が好きで、何となく論文などを書きつづけておりましたが30歳もすぎ、もうそろそろ研究者の道はあきらめたほうがいいかな、と思っていたときに、新設の大学院を見つけ、博士後期課程に入学いたしました。来年4月からは、週8コマの非常勤で大学に教えにいくこととなりますが、専任で大学に就職できるかどうか不安があります（来年の非常勤先は、W大学です。海外に行かれる方の代わりなので、1年だけです）。

これまでに公募に応募したことがありますが、最後の2人に残った折り、公募先の担当の先生から、指導教官と何があったのですか？　と、お電話いただいたことがありました。もちろん不採用でした。修士課程の指導教官から、なんて言われてるのだろう？　決定的に指導教官と仲違いしたことは、大きなネックなのだろうなと思っております。このような場合、専任で大学に就職できる見込みは、難しいと思ったほうがいいのでしょうか？

周囲では、教育系の場合、博士課程に行っていない人でも、どんどん大学に就職していきます。理工系に分野を変えたのだから、そちらで就職を探すとすれば、まず博士号をとることだな、と思い、今は博士論文を書くことを第一に考えております。私はエンジニアではなく、サイエンティストだ！　といっても、理工学部からきた人々からすれば、かなり文系的な研究内容です。

〈メールありがとう。

1　教師とぶつかったのは、忘れるほかありません。教師のほうが忘れてくれなければ、ま、仕方ありませんが。私はまだまだチャンスがあると思いますよ。30代は、むしろ若すぎる、というのが私の経験則です。そして、誰にせよ、教師との苦い経験をもたない人は稀なのですから。

2　「研究」はこれから本番と思って下さい。博士号はぜひとも必要ですね。それも高いレ

ベルを狙って下さい〉

希望をもって、地道に頑張ります。

〈3　非常勤講師は、全力で当たって下さい。あなたの「努力」よりも、「手抜き」を観察している人が多いのです。もちろん、努力を見てくれる人も稀にはいますが〉

今、来年のシラバスを書いているところです。落ち度のないように頑張ります。教科書として使うテキスト、シラバスにもう書いてしまいましたが、原稿がまだ上がっていません。最後の追い込み。シラバスに書いてあるテキスト、新学期に間に合わなかったんだって、等ということのないように、頑張ります！

〈4　専任を得ることを焦ってはいけません。いい教師、いい友人をつくるよう心がけてください。いい職は友人たちからやってくる、これも鉄則です〉

着実に頑張ります。

〈後は新著を一読下さい。成果を期待しています〉

『新・大学教授になる方法』ですね。読ませていただきました。本題の部分ではありませんが、読者からのお便りに、せっかく先生がお返事書かれても、その後、返事が来ないことがあるとか。うまくいえないですが、わかる気がします。悪気なく返事を書かないのは、メディアの発達により一方向のコミュニケーションになれてしまっていることに、要因の一端があるような気がしました……。

●コメント

一つだけ加えよう。指導教師と対立し、博士授与を拒否され、その「抗争」ぶりがマスコミでも報じられたイタリア・ルネサンス研究家で作家が、研究をやめず、大学教授になった例がある。最近のことだ。私が忠告したいのは、猛烈に研究すること、研究成果を示すこと、これだけです。30歳なんて、中途半端に決まっているのだ。

【事例15　教師の前で、大学教師になる、と明言したら、せせら笑われても仕方ない】

（HE　40代　大学院生　2002/4）

私は、先生の著書『新・大学教授になる方法』を拝読し大学教員に転職すべく、41歳で今春夜間大学院の修士に入りました。新しい学問分野のNPOを学ぶ大学院で、指導教授に博士課程に進んで将来は助教授に、と抱負を語ったところ、「この院を出てもなにもならない」と言われました。この大学院には博士課程はなく、現在、O大学にしかNPO研究専門の博士課程がありません。修士卒業後、どのような方向に進めばよいでしょうか（ちなみにこの大学院でNPOを教える教授方は、修士も博士もとっていず、民間からの横滑りです）。

また、私の年では、教員への転職は年齢的に無理でしょうか。仕事は、会社員として出版社で働いています。

いつでも構いませんので、おひまなときにお返事いただければ幸いです。よろしくお願いいたします。

お忙しいなか、お返事ありがとうございました。まさか本当に先生からお返事いただけるとは思わなかったので、とても驚き、うれしく思っています。私の質問はたしかに一般的で、的を射ていなかったと思います。

当初、年齢的に遅れてこれから大学教員になるためには、新しい学問でまだ研究者が少なく、後発でも入る余地があるＮＰＯの研究がいいだろうと思って入ったのですが、それは邪道でした。本当に研究したいことを専攻にすべきだったのです。

本当はＮＰＯの研究よりも、自分のやっている仕事に近い、出版もしくはメディア全般の研究のほうが得意分野だし、やりたい研究だということがわかったので、とにかくここを卒業し、修士課程ではメディア専攻に転換するつもりです。若い頃、教壇（といっても小学校）に立っていて、授業をすること自体が好きなので、なんとかして目標を達成したいと思います。

お返事を読んで、新しい挑戦に向かう勇気がでてきました。鷲田先生も、引き続き面白い著書を出してください。読者として楽しみにしております。

●コメント

１　本当に研究したい分野を専門に選ぶ。それで成果をあげる。すべてはそれからだ。

２　大学教師に向かって、新参者が大学教師になりたいと、開口一番吐くのは、吐くほうが不作法なのだ。こう思うことだ。

3　40代といえども、けっして遅くない出発だ。簡単に常勤の口をゲットしようと思うと、研究のほうが疎《おろそ》かになる。まず5年、よそ見をせずに励んでみることだ。

第10の法則　広き門なのだ。入りたいなら、入ろうとしないでどうする

【事例16　専門学校の教師なら、なおのこと専門研究の論文が必要だ】　（TJ　2002/10）

初めてメールを送らせていただくTと申します。『大学教授になる方法』『新・大学教授になる方法』は、ダイヤモンド（「エグゼクティブ」）に連載中から購読していました。その後も、『日本とはどういう国か』（五月書房）や『ビジネスマンのための21世紀大学』（総合法令）など興味深く読ませていただいておりますが、本日は、以前から疑問に思っていた業績審査というものについて質問させてください。

目安としては、学術書（教科書も含め）、専門学会発表、学会誌や紀要に論文掲載までは問題がないと思いますが、最近は学生の就職活動の一環として国家試験などの資格指導なども花盛りだと思われますが、その一環として受験本の執筆などを業績評価欄に掲載してよいものかどうか、先生のお考えをお教えいただければと思いメールをしました。

私は現在、専門学校（専門士付与の学校）の専任教員をしておりますが、そのような関係で受験本も共著で何冊か書いております。

そのようなものは業績にはならないから載せるなというアドヴァイスをしてくれる方や、逆に、掲載しておけば論文業績ほどのポイントはつかないが加点されるという2つの意見がございまして迷っておる次第です。

お忙しいところ誠に申し訳ございませんが、ご指導の程よろしくお願い申し上げます。

〈1　一般的に、受験参考書に掲載されたものは、論文とは認められません。もちろん、受験参考書でも、小西甚一さん『古文研究法』のような高度のものがあるが、例外中の例外です。

2　業績欄に、おっしゃるような文章を載せて、マイナスになる場合と、プラスになる場合がある。しかし、これは、しっかりした学術論文がある場合だ。

3　もし大学教師を目指すなら、本格的な研究生活をしなければならない。学術論文を書かなければならない。それだけが大学教師のポストをゲットする広道・正道なのだ。

4　学術的でない論文でも、論文業績に入れるところがある。むしろたくさんある。これが難しいところだ。

それに、教育主体のポスト、たとえばインストラクターがある。論文を書く能力ではなく、

講義力や実技力がためされる。〉

【事例17　体育系は門戸が広いから、大学教師になりやすいか？】

（ I H　40代　公務員　2002/12）

初めまして。この度、どうしても先生にアドバイスをうかがいたくてメールさせていただきました。申し訳ありません。もし差し支えなければよろしくお願いします。

私は40代で現在地方公務員をしております。

実は先生の本を拝読するまえから夢であった大学教員にどうしてもなりたいと思っていました。そして先生の本を読み、より一層その思いが強くなり、具体的に準備をはじめました。

そこで先生に伺いたいのは私の志している体育学は、大学教員への道としての可能性はどうかであります。準備活動として修士の学位をとるため、N体育大学大学院社会人入試を受けてなんとか合格しました。研究分野はスポーツ心理学であります。

私は来年4月から本格的に大学院で研究に取り組みたいので仕事をやめる覚悟でいます。

もちろん経済面や将来の不安はありますが大学教員になるために集中しようと思っています。

先生、私は絶対に大学教員になりたいのですが年齢的にどうでしょうか。もちろん努力は最大限するつもりですが、修士をでるのが40代半ばの予定ですので公募ではまず無理だと思われます。

それから私の素人判断として体育科目は昔に比べれば勢いがないにしても、今でも一応どこの大学や短大でも設置されている、つまり体育教員の必要数はかなりある、そして、これに対して体育教員を育成している大学院や有資格者は他の科目に比べて少ないので教員採用への可能性として体育学は有望な科目なのではないかと考えておりますが、この判断は間違っていますでしょうか？

ご多忙のところ誠に申し訳ございませんが、よろしくお願いします。

〈1　年齢に問題はない、と思われる。大学院に入ったのも、正解だ。
2　体育教師は数が多いから、なりやすい。門戸が広い。なすべきは、あなたが、体育学で、驚かすような業績を上げることだ。そのために猛研究をすることだ〉

●コメント

門戸が狭いから諦めるというのでは、ちょっと悲しい。そして、事例11のHKさんの例でもわかるように、体育教師の職はずんと狭まってくる、と予想される。この場合も、猛研究が要求される。

【事例18　定職を得ることができないのは、「失敗」か？】（TM　男　50代　非常勤講師など）

「大学教授になろうとした。そのため退職し、大学院に入った。しかし、なれなかった。どうしてくれる」。こういう怨嗟《えんさ》にも似た声を聞く。けっして少なくない。

私は、33歳で定職を得ることができた。幸運であった。しかし、同期の中では最も遅かった。

同じ哲学を教える同期の友人・TMは、一度国立大学に職を得た。しかし、そこを辞めて、長く非常勤講師だけでやってきた。50代の後半にようやく定職を得ることができた。

同僚のHTは40代の半ばまで、定職をもたず、非常勤のままだった。

友人のYYはずーっと非常勤講師できた。今年60歳である。

TMも、YYも、生活が楽ではない。それよりも、非常勤講師（非常に嫌な表現だが）は、社会的認知度が低い。何が辛いかといって、家族がいるにもかかわらず、定職をもたず、社会的評価の埒外にいることほど辛いことはない。

それでも二人は研究を一度もやめていない。HTも含めて、自分が目指した研究分野で大きな成果を上げようとしてきた。実際上げている。三人とも、5冊以上の注目すべき著書をもっている。

大学教授になることだけが目的ならば、私が敬愛するこの三人の友人は、中途で挫折していたに違いない。別な職を選んだだろう。そのほうが難しくないのだ。では、どうしてそうしなかったのか？　研究教育生活があって、研究教育成果を生む喜びがあっての大学教授ではないだろうか？

身も蓋もないことのように聞こえるかもしれないが、研究教育職にこだわるのも素敵だが、それが自分に向かないとわかったら、方向転換することが貴重なのだ。そして、思うに、その方向転換を「失敗」とみなすか、よき「経験」とみなすか、その人の生き方に関わることのように思う。人生は長いのだから。

第 I 部
変わる大学と必要な人材

第2章

大学は斜陽産業ではない、競争市場だ

1　大学の市場拡大・競争はこれからが本番だ

大学が真に望んでいるのはすぐれた教師だ

私大の経営危機、倒産危機があいかわらず大声で語られている。事実、２００５年、定員割れした4年制大学は１６０校で、全体の29・5％を占め、過去最悪になった。経営難で萩国際大学が倒産し、民事再生手続きを行った。少子化は、この傾向に拍車をかける、等々、まるで大学は斜陽産業である、といわんばかりである。本当だろうか？

たしかに、大学のバブル時代は終わった。70年代から始まったバブル期、大学にまともな経営などはなかった。定員増と施設拡充で、いけいけどんどんでＯＫだったのだ。それが終わったのである。これはなにも大学にかぎらない。すべての産業にあてはまる。

私にいわせれば、大学はようやく競争の時代に入ったのである。ところがまだ生ぬるい競争なのだ。事実、２００５年、新入生の数（47万人）を入学定員で割った「充足率」は、１１０％弱なのだ。この数字は過当競争を物語るだろうか？

もちろん競争である。努力の足りないところには学生はやってこない。経営危機を迎える。当然ではないか。教育サービスの向上、何よりも、教育内容、わけても教師の質の向上を目指し、すぐれた人材（卒業生）を輩出しない大学は、長期的には衰退を免れえない。名門校だって、例外ではないのだ。受験生に見放され、産業界から見限られる。あたりまえのことだ。バブル期は、大学に学生が押し寄せたのである。これをむしろ異常なことと見なければならない。

では大学は「何で」競争するのか？　競争内容の「質」である。教育内容であり研究成果である。それを実現できるのは教師だけなのだ。ホテル並みのゴージャスな大学（施設）をつくって、バカ学生を集めたからといって、使い物にならない人材を輩出して、どうなるというものでもない。そんな人材をもし産業界が歓迎するとしたら、日本の「繁栄」も長くはない、と見なければならない。

大学の競争時代の本格化を前にして、大学が真に望んでいるのはすぐれた教師なのである。私が、「大学教授になる方法」というキャッチフレーズをかざして、有望な人材が大学の教師を目指すことを勧めてきた最大の理由である。

斜陽産業という理由で、大学教師になることを躊躇するのか？

仮に大学が産業として斜陽である、倒産の危機がある、としよう。なるほど、近い将来失職の恐れがあるところに、わざわざ転職するなんて、と思うだろう。これが理由で、あなたは大学教師になることを躊躇するのだろうか？　教師にチャレンジする努力を断念するのか？

はっきりいおう。この程度の理由で、大学への転職を断念しようとする人を、大学は必要としない。転職なんぞ、おやめなさい。ムダである。大学は世の荒波から無縁な「安住の地」（sanctuary）などではない、と。

後で詳しく述べるが、自分の好きな研究教育生活（spiritual living）に没頭できる環境を大学が提供してくれるとしよう。一見すれば、たしかに「安住の地」（spiritual place）かもしれない。

しかし、相応の知的成果（spiritual works）を生みださなければならないのである。この点でいえば、大学は「安住の地」（place for peaceful living）などではない。仕事（＝教育と研究）自体はハードなのだ。いくらハードでも、ハードすぎることはないのだ。

好きな仕事に没頭できる、これがハードワークの理想型だろう。しかも、その仕事の成果は、新しい人材養成や研究開発のために注がれる。同時に、本人の身にもつくのである。その仕事の成果が本人の業績（works）になるのだ。

しかも、仕事で成果を上げることで、本人の評価が上がるだけではない。大学の社会的評価が高まり、受験生と産業界の注目を浴びるのである。一人ひとりの地道な知的努力（spiritual work）が集まって、大学全体の業績が上がり、経営の危機が突破される。これはすべての職場に通じることだ。

むしろ、ようやく産業として自立しつつある大学は、旧弊に毒されたスタッフではなく、自分の知的努力で大学を再生させようという新しい血を求めているのである。そこに進んで職場を、仕事を求める。素敵なことじゃないか？

大学だって資本主義社会の例外ではない

ひとたび職を得たら、猫も杓子も、箸でも棒でも、クビにもならず、降格もしない、毎年定期昇給する。それが大学の普通の待遇であったことがある。もちろん、いつでもそうであったわけではない。1960年代後半以降、90年代までの大学バブル期にかぎったことだ。

大学にかぎらないが、倒産のない企業や職場はどうなるか？　好例が公務員である。最も安定した職場で働いているように思えるだろう。教師も同じように、大学と小中高を問わず、かつては、「でもしか」教師といわれた。どこにも行きようがないから、しかたなく、教師にでもなるか、である。したがって、待遇は民間に比べて恐ろしく低劣だった。大学教師だって、例外ではない。

それが日本の高度成長政策が効果を上げ、税収が順調に増加し、国庫が豊かになった。公務員の待遇が民間を抜き、安定した好待遇の職場に変化した。それは、70年代からのことだ。だが、90年代、バブルがはじけ、デフレ経済に転換し、税収が減ったのに大盤振る舞いの放漫予算を続けたため、国家財政が逼迫し、地方財政が破綻をきたしだした。行財政改革が、必須のものとなった。

倒産がないとされた公務員の職場も、リストラを余儀なくされ、あるいは民間に完全移行しはじめた。定昇もストップ、人員削減、リストラ、民間移行、なんでもありの職場になった。つまりは、倒産と失業の嵐が、公務員にも吹き荒れだしたのである。大学も例外ではない。その第一段階が、国公立大学の独立法人化である。

たしかに、倒産と失業は個人にとっては避けるべき事態である。しかし、倒産と失業のない社会（システム）は、はたしていい社会といえるのだろうか？　社会主義国の崩壊を見ればわかるだろう。リストラのないシステムは衰退し、解体の憂き目を見る。もちろん、大学だって、そうだ。

大学は構造改革期に突入した

１９９０年代、日本は国も地方も、産業界も個人生活も、バブル期の気分を引きずりながらも、本格的な構造改革期に入った。正確にいえば、浮沈を賭けて、新しいシステムへの転換を図らざるをえなくなった。

大学も、一方ではバブル期の余塵《よじん》の中で、他方では来るべき学生数の減少に備えるべく、構造改革にとりかからざるをえなかった。たしかに試行錯誤の連続だった。だが、確実に変わったのだ。

いちばん変わったのは、何か？　一般にいわれるのは、こういうことだ。施設が美しくなった。経営と管理の合理化が進んだ。詰め込み教育は少なくなった。就職指導が特段によくなった。

たしかにその通りだ。しかし、最も変わったのは、私の見るところ、教師の意識である。もちろん、特権意識がつよく、教育研究に邁進しない旧態依然の教師は残っている。しかし、少数派になった。

休講がなくなった。授業開始に遅れたうえ、終了時間を30分も残して終わる、という教師がいなくなった。私の知るかぎり、毎年毎年、同じノートを読み上げる授業スタイルの教師は絶減した。わかりやすい授業、魅力のある講義内容、講義外でもオフィスアワーを使って、学生の相談に応じるサービスが、どこでも普通になった。最近は、保護者（家庭）との連携を恒常的にとるために、懇談会を常設するようになった。

「なんだ、大学も一般のサービス機関と変わらないようになったのではないか、大学教師もただの知的サーバーになったのではないか？」

こう思われるかもしれない。然り、かつ、否である。

大学教師は、知的サーバー（奉仕者）である。しかし、それは基本かつ最低限度の役割に過ぎない。よきサーバーたらんとすれば、すぐれた知的研究（＝探究）者でなければならない。少なくとも研究者としての研鑽を疎かにしてはならない。大学の構造改革は、大学が知的研究機関として自立する努力を欠いてはならない、という理由から起こった。ここでも、よき教師の養成と獲得が改革の眼目なのだ。

日本の大学はこれから成熟期を迎える

大学は断じて斜陽産業ではない。進学志望者よりも定員数が上回っているじゃないか、というかもしれない。しかし、進学志望数の量的拡大は、努力しだいで、まだまだ可能である。「顧客」がいないわけではないのだ。

ここで、大学を教師の労働市場という観点から考察してみよう。まったく別な姿が浮かび上がる。

第一に、短期的観点である。60年代後半から70年代にかけて、大学の数も、教師の数も急膨張した。この時期、今日の基準でいえば、どうしてあの人が大学の教師になどなれたの？という人も含めて、大量の新人大学教師が生まれた。ずいぶんいかがわしい人も多かった。この教師群が、そろそろ70歳の定年を迎えるのである。補充で新規の採用枠が拡大する。

第二に、長期的観点からだ。学部学生数の推移は１９９１年＝２０３万人→２０００年＝２４５万人である。今後も、２００万人前後を推移すると見て間違いない。

これに対して大学院学生数である。１９９１年＝10万人→２０００年＝21万人で激増している。それに法科大学院の創設などを考慮すると、文部科学省が予想している２０２０年＝25万人は大幅に前倒しで到達するだろう。

しかし、アメリカの大学院学生数は２０００年＝１０９万人である。日米を比較すると、学部学生数でいえば、２０００年＝７７２対２４５で、３対１の割合だ。この対比でいえば、１０９対Ｘ＝３対１で、日本の大学院学生数は現在でも35万人あってもいい、という勘定になる（なおこの数字にはパート［聴講生等］の学生数は含まれていない）。

第三に、これも長期的観点からだが、外国人留学生の急増がある。１９９２年＝５万人弱で、

2000年までさしたる変化がなかった。ところが、2001年＝8万人弱→2003年＝11万人弱と急カーブを描いて上昇しはじめたのである。各大学が、留学生教育に本腰を入れはじめた証拠である。留学生に対する日本語教育のインストラクターの急増とともに、「英語」（外国語）だけの授業を担える教師の公募の急増も、その証拠だろう。

つまり、日本の大学は、産業としてはようやく成熟期に入りつつあるということで、斜陽産業などではない、という点を確認して欲しい。

2 「国立」大学は大学院が大量増加し、「定年」が延長する

独立法人化で大学が一変しつつある

国立大学協会は独立法人化に反対した。東大学長などは、「辞任」も辞さず、と宣言した。しかし、独立法人化によって最も早く、急激に変わったのは、東大、京大をはじめとする旧帝大である。

中、短期的展望に立って研究課題を策定し、その成果に応じて研究費を配分するようになった。各講座を単位基準に均等に配分されてきた研究費（理系と文系、実験系と非実験系で配分基準が異なる）に、競争原理が加わった。大学がベンチャー企業の起業家育成に手を貸す。産官学の共同研究にとどまらず、ビジネス提携も含めた新しい研究教育部門の開発と展開が活発化した。

何だ、利益追求と結びつく部門にばかり光があたっているんじゃないか。これじゃあ、ビジネスに直結しにくい基礎研究部門、伝統的学術部門はまったく置き去りにされ、衰退の一途を

たどってしまう。こういう声がないわけではない。だが、不思議なことに、その声もまだ小さく感じられる。それだけ実績配分の原則が、まだまだ弱いからだろう。

ビジネスに直結していない部門は、その研究成果を世に問い、非実益的でも必須な学問研究であることを大いに示したらいいのだ。大声で訴えたらいいのだ。それ以外にない。

だれにも理解されない、されなくたっていい。そういう態度で自分の研究部門に閉じこもり、理解されないのは理解しない者たちが間違っているからだ、と世を呪っても、はじまらないのである。

国立大学は変わった、といった。しかし、まだ一歩に過ぎない。その基本予算は国家から支給されている。予算の使い方に自由裁量権が加わったに過ぎない。国立大学は、予算の過半を自らの教育研究活動で生み出し、学問に不可欠とみなされる研究教育部門にその予算を回すことができてこそ、真に一変した姿、といえるのではないだろうか？

「新しい」大学、大学院の学部・学科の登場

少子化で学生数が激減する。これはずいぶん以前からわかっていたことだ。しかし、2000年を前後して、大学・学部・学科新設ならびに改編ラッシュがあった。その余韻はいまも続いている。文部科学省が大学新設・改編の認可基準を大幅に緩くし、むしろ大学の新増設を後

押したことにもよるが、大学の「経営危機」が叫ばれている中で、あきらかに奇妙な光景に見えるに違いない。

日本の大学は「定員制」である。学生数が文部科学省によって割り当てられているのだ。少子化で、学生数は減少する。定員数の増加は頭打ち、ないし減少してゆく。そこで、いまのうちに「定員」枠を確保しておこう。いってみれば、シェアー率の拡大をはかる、これが要因である。国立大学がその先頭を切った。定員枠の確保は予算枠の確保につながるからだ。

国立大学で最も目立つのは、法科大学院（ロースクール系）と経営大学院（ビジネススクール系）の新増設である。この波を受けて、私立のかなりの法学部や経営学部の教師が引き抜かれていった。

ロースクール系は、２００４～０５年合わせて、国立23・公立２に研究科（大学院）が新設された。また近年、ビジネススクール系の大学院研究科が、主要国公立大学に新設されている。２００６年度も、京大をはじめ国立３・公立１で新設される。これほどの学部（大学院専攻コース）の新設は、今後しばらくは見られないのではないか？

大学の構造改革・改編の目玉は、最先端産業・研究・技術関連部門の学部、学科、コース等の新設・改編ラッシュである。とはいえ、たんなる名称変更にとどまるように見えるところもある。旧態然たる教師があいかわらずポストを占めているからだ。

だが、時間がたち、教師が替われば、おのずと名は体を表すようになる。その部門にふさわしい新しいスタッフが求められる。そうならなければ、その部門は無用無益になり、結局は、リストラの憂き目を見ることになる。競争原理が働くのだ。

国立大学のリストラ・新専門分野の拡大

理由はどうであれ、国立であれ私立であれ、新しい大学・学部が登場するのは、受験生にとっても、大学教師を目指す人たちにとっても、歓迎すべきことだ。新増設のピークが過ぎた2005年でさえ、新設大学は11校あるのだ。公立学校は2校、私立が9校で、全部が単科（一学部）の小規模大学である。

相も変わらずというべきか、看護・健康・福祉・ファッション系の学部で、新味がない。だがなかには、英語・IT・クリエイティブ力を養成し、ゲーム、映画、アニメなどのコンテンツ業界に世界で通用する人材を送り出すことを目指す、デジタル・ハリウッド大学（2005年開校・定員190人・メインキャンパスは秋葉原）がある。

新設大学院は2つで、光産業創成大学院大学（定員15人）と神戸情報大学院大学（定員45人）である。

この傾向は国立大学でもほぼ似通っている。ただし、企業に直接連動するようなシステム設計は避けているようで、賢明な対応だろう。

たとえば、話題となった東京芸術大学大学院映像研究科（修士課程＝定員32名）がある。教師スタッフは企業経営者ではなく、北野武（ビートたけし）以下８人はすべてプロの映画人からなっている。

国立大学はこれまで「定員枠」をしっかり確保さえしていたら、きちんと税金から予算が付き、大学、大学人の体裁を保っていることができた。しかし、これからは、各都道府県にある駅弁大学、教育大学も、受験生と産業界の需要に応じるような教育・研究部門を開設しなければ、長期的には定員枠を確保できず、予算削減措置を食らうことになる。

何度もいうが、新しく看板を取り替えただけでは、早晩衰退する。国際化の時代を当て込んで、一時、猫も杓子も△□国際大学とか情報○×学部などと名づけたが、いまではお荷物になっているではないか。したがって、新しく掲げた看板にふさわしいスタッフを確保しなければ、リストラ（再構築）に逆戻りするのである。

国立大学の「定年」の延長とは何か？

現在、国立大学の教師で大きな問題になっているのは、定年延長問題である。なぜこの問題が深刻なのか？

大学教師は、個人差はあるが、平均すれば、大学を卒業して約10年を経て、定職を得る。10年間は無給で研究活動を続ける、ということだ。したがって、経済的問題から、民間企業より定年が長い。

さらに、大学教師は、知的トレーニングを基本とする。比較して肉体活動よりも精神活動をもっぱらとする。高齢でも現役を続けることができる。

大きくは、この2つの理由から、大学教師の定年は民間よりも、5～10年遅い。多くは、65～70歳である（70歳を上限とする大学が多い。大きな理由は、常勤の教師あたりの国庫補助が70歳で打ち切られるからだ。文部科学省から補助がなくても、教師を雇い続ける大学もある）。

ところが、国立大学の場合、大学によって差を設けた。東大60歳、京大61歳、阪大・一橋大等63歳、地方大学65歳なのである。何とも奇妙ではないか。なんでこんなことになったのか。

簡単にいえば、東大や京大の場合は退官しても、ランク下の大学、あるいは有力私大から招聘があったからだ。東大や京大教授であるというだけで、文部科学省は特別扱いしたことも大きな理由になっている。たとえば、学部新設を申請する場合、旧帝大の教授を含まなくてはダメ、などという暗黙のプレッシャーがあった。

ところが、国立大を退いた教師は、ほんの一部を除いて、使い物にならない、ということが日本のすみずみまで知れわたったのである。むしろ、ふんぞり返るだけで、仕事はしない、できないがほとんどである。そのため、退官後、再就職先がなくなった。ときあたかも、年金支給の年限がどんどん上がりだした。経済問題だ、背に腹はかえられない、というわけで、どの国立大学でも定年延長を焦眉の課題にしている、というわけだ。

大学院を出ていなければ、使い物にならない時代がくる

国立・私立を問わず、大学院の拡大拡充も重点施策の一つになっている。４年制学部がない大学院だけの小規模で特長のある大学もどんどん登場している。大歓迎である。

だが、こういう声もある。

たとえば、何をしたいかわからない、就職したくない、人生の目的が見つからない、などという理由で、就職を回避して、何とはなしに大学院に進む学生がいる。けっして少なくない数だ。いわゆるモラトリアムとしての大学院進学である。

現在でも、まったく学ばない大学生がわんさといる。その上に、学業延長をはかって、学ばない学生を増やす必要はない。ムダである。こういう主張に理がないわけではない。

しかし、高度知識・技術時代である。理系の技術系、とりわけ基礎研究系では、１９７０年代から大学院の修士課程を出ていなければ、エキスパートとして認知されないようになってき

た。今日では、全分野にわたって修士を出てはじめて一人前のエキスパートと認知される、ということになっている。

文系でも、法・経・経営系、あるいは文学・外国語系にかかわらず、修士に入ってはじめて「専門」を教授し、学ぶという体制が敷かれている。学部4年間は「専門」を教えても、その導入部＋α程度までである（もちろん例外はある。しかし、あくまでも例外だ）。

これはアメリカの大学ではすでに常識で、学部学生はアンダーグラジュエイト・スチューデント（undergraduate student）のことで、訓練中、見習いの意味である。「卒業していない」ということである。graduate studentとは大学院生のことだ。総合大学であれ、単科大学であれ、学部は総じてリベラル・アーツ（liberal arts＝教養）の、したがって、専門に分化していない教養学部なのである。

大学院の拡充も、大学院進学の一般・大衆化も、社会の高度化に適合した一般的趨勢と見るべきなのだ。有力な国立大学では、かつては学部の付属だった大学院が、学部を下部組織に繰り込みつつある、というのが現状である。

3　私立大学は「定年」を延長し、地域化を進める

私立大学の「危機」とは？

私立大学は危機である、といわれる。まず、その通りだ、といおう。しかし、世の中で語られている危機の理由とは異なる、といいたい。

私立大学の第一の危機は、大学経営のエキスパートがいない、ということだ。大学の経営者は理事会だ。一方に経営に無知な教授理事がいる。他方に教学に無知な経営理事がいる。しかも教授理事は多くは三流教授である。経営理事は、産業界では経営者とはとうてい認められない三流経営者である。

このような理事会で、大学の経営が成り立ち、ともかくも拡張路線を歩んでくることができたのは、大学のバブル時代だったからだ。定員を増やすことさえできれば、学生を獲得できた。したがって、定員枠の配分権をもつ文部科学省のほうだけを見てさえすればよかった。むしろ理事会は無能のほうがよかったわけだ。

第二の危機は、理事会の無能には原因があり、そこに根ざしている。

一つは、教授会とその代表からなる評議会が、教学ばかりでなく、学長や理事や教師の人事と大学予算を実質的に決定する機関になっているからだ。いわゆる「教授会自治」がある大学である。理事会が無能でもかまわなかった。これは有力大学に多い。

二つは、独裁的な理事長あるいは有力理事が、経営権をだけでなく、教学権を握り、恣意的な人事さえまかり通ったからである。教授会はたんなる親睦会に過ぎず、まったく無力である。理事会もまったく形だけのものに過ぎない。

前者には経営がなく、後者には専横的な経営しかない。経営のエキスパートがいない原因である。ともに、大学の経営危機を招く。

解決策は、簡単明瞭だ。

一に、経営と教学の分離である。

二に、教学にも精通したマネジャーの獲得であり、長期的には、養成である。教師の中から、経営のエキスパートを養成することだ。

しかし、私大の最大の危機は、すぐれた教師スタッフをそろえる、獲得ないし養成する努力をないがしろにしてきた、ということにある。これについては、すでに述べた。

財政危機なら教師の給料を半分にすればいい

私大の財政危機がつとに叫ばれる。学生数の減少で、定員を満たすことができず、財政悪化を招く、というわけだ。「危機」をいう場合、最悪シナリオを想定してみることを勧めたい。

一　入学者数が定員の過半数を割ったとしたら、どうなるか？　簡単である。収入に応じて分配をすればいい。

もし定員の半分になったとしよう。予算を半減すればいい。基本は、人件費である。教職員の給与を半減すればいいのだ。

そんな乱暴な、それでは大学はとうていやっていけない、何よりも教職員は生活してゆけない。こう思われるだろう。

ところが、驚いちゃいけないが、アメリカの平均的大学の教職員の給与は、日本の約半分である。

エッ、設備の充実はどうする、というだろう。これも驚いてもらいたいが、ニューヨーク大学（私立）の芸術学部の校舎は、旧倉庫で、エレベータは旧荷物運搬用であり、私の見たところ、改装費に大した金をかけていなかった。そんなんじゃ、学生は集まらないって？　アメリカでは集まっているよ。

何も、中国やジンバブエ並みの給与や設備水準にせよ、といっているのではない。アメリカ並みでも、十分にやってゆけるのだ。

二　ところが、日本の大学は、ある程度自己努力をしさえすれば、定員枠は埋まるようになっているのである。だから、昨今の経営危機などというのは、バブル期を水準に語られているのだ、と知るべきである。

三　定員が三分の一を切ったら、通常にいう意味で、経営危機を免れない、といっていいだろう。しかし、大学は「学生」相手にだけビジネスをしなければならない、という法はないのである。

大学自体をビジネス体にする努力をすることで、大学を中核としたビジネス展開が可能になるのだ。私にはそのように思える。

本格的な大学経営時代が始まる理由——魅力ある大学づくり

これまで大学には経営と呼ぶに値するような経営は存在しなかった。こう断言していい。では、大学経営の基本とは何か？

「学生を招き寄せる魅力的な大学」にすることだ。そのための方法はといえば、順序を踏まえると、こうだ。

一　魅力ある大学にする基本は、魅力ある学部づくりと、それにふさわしい教師を集めること以外にない。あるいは、魅力ある教師を集め、彼らにふさわしい学部（学問機関）をつくりだすことだ。

二　魅力ある教師とは、魅力ある研究と教育に全力を尽くし、成果をあげ、発表する能力をもつ教師のことだ。

三　魅力ある研究と教育とは、それを現在の社会が必須としているものである。同時に、過去のすぐれた蓄積を受け継ぎ、未来に渡してゆくべきもののことである。その意味で、長期的展望をもつものが排除されると、視野狭窄に陥り、魅力を早急に失う。

四　以上の基本を実現するための組織づくり、施設整備、職員スタッフの配置、社会とのコミュニケーション網などを配備することである。

この魅力ある大学づくりという要の経営が、総じて忘却されている。

魅力ある教師といえば、たかだかマスコミで有名な教師に矮小化されている。大学は大学のセールスポイントであるべき教師スタッフの充実と、そのアッピールに本格的に取り組むべきだろう。

もう一つの側面がある。学生＝ユーザーの見地に立つ、サービス部門に関する経営である。

この側面には詳しく言及する必要はないだろう。大学経営では、こちらは先行的、専一的に充実化がはかられ、むしろ行き過ぎじゃないか、学生サービスの充実が、学生の過保護化を招いているのでは、と危惧を抱きたくなるほどであるからだ。

大学自由化の時代は、私立大学の時代だ

かつて『大学〈自由化〉の時代へ』（青弓社・1993年）という本を書いた。そこで来るべき自由化の時代として、以下の諸点をあげた。自由化とは、大筋をいえば、社会主義から資本主義への転化である。要約すれば以下のようである。

一　定員の自由化。

お上からいただいた学生定員枠など廃止することだ。完全自由競争である。アメリカの大学並みになることだ。自主努力をした魅力ある大学に、学生が集まる、という方式にすることだ。

エッ、東大や早稲田に学生志願が集中し、大学は寡占化するって。いいじゃないか。魅力ある大学に学生が集まるのなら。もし、寡占化、系列化を阻止しようと思ったら、東大や早稲田とは異なる大学づくりをすればいいじゃないか。

二　助成金の打ち切り。

私立大学は、経常費の二分の一を積算基準として、文部科学省から助成金をもらってきた。

文部科学省は設置認可権と助成金によって、私学を統制してきた。それに、この助成金には経営努力をしない大学ほど恩恵を得てきたのである。

日本の私学助成金は、アメリカの大学（官学・私学にかぎらず）がその獲得に躍起となっている研究助成金（grant＝グラント）とは似て非なるものである。グラントは研究に対する助成だからだ。日本でもグラントの充実は焦眉の課題になっている。

三　設置基準の抜本的改正。

現在、設置基準は大幅に緩和された。大前進である。いまや、文部科学省が大学設置に関与する必要がなくなった。そう主張したい。

ところで、国立大学の独立法人化は、大学の自由化・民営化まで進む必要がある、と提唱したい。まずは、国立大学の再編＝機能別編成である。この再編は民営化とリンクしている。

四　国立大学の再編と民営化。

旧帝大と都府県にミニ旧帝大とでもいうべき国立大学という大学編成は、まったく時代遅れである。大学のカテゴリーと地域配置を対にして、再編成を考えてみる。

1　エリート大学——東大と京大（定員1000名）

モデルは、フランスのエコール・ノルマル・シューペリウール（高等師範学校）であるが、エリート大学の新設が、過去の例を参考にしてみても、うまくいくかどうかは、保証のかぎりではない。
2　拠点総合大学――福岡・神戸・大阪・名古屋・横浜・札幌
3　地方単科大学
2の拠点総合大学を中核として、専門に特化した単科大学がネット上で結びつく。総合性と専門性の強化が、このネットで倍加、数倍加される。

そのうえで、1のエリート大学は国立、2の拠点大学は道州立、3の単科大学は組合立あるいは株式立で行くべきである。可能なかぎり民営化を図る、ということだ。

この国立大学の再編成は、私立大学の再編成に大きな刺激を与えることは、間違いない。

五　授業料と給与の自由化。

日本の大学は授業料の格差が小さい。それだけではない。銘柄大学ほど、総じて安く、無名柄大学ほど高いのである。これはまったく経済原則に反している。競争原理が働いていないからだ。これでは、無名柄大学が、競争して、銘柄大学に勝てるわけがない。

アメリカの大学は、銘柄大学の授業料が高い。無名柄大学に対して、5倍ほど高いという大学もある。「ハイクオリティ・ハイプライス」である。いい教師がいる、いいサービスの大学がプライスを高くして当然ではないか？

教師などの給与もまったく、経済原則に応じていいではないか？　公務員給与表（社会主義賃金体系）を使って、教師の給与を算定するなどという悪弊は、全廃したらいい。

六　教師の流動化――採用・異動・交流の自由化。

任期制の採用という点では、ずいぶん進展があった。教師のカテゴリーも、教授、準教授、助教授、（助手を廃止）という常勤の他に、客員、特任、臨時、非常勤、ゲスト等々の種別化が進み、それに応じて待遇改善もあった。

しかし、定年制の廃止、教師の異動を容易にするシステムの構築、若手教師の地位保全、等々で進展を見ていないものが多い。

七　学生の移動・交流の自由化。

これは、学生が望みさえすれば、大学間の単位互換制度等の実施によって、大学間移動は比較して簡単になった。

「定年なんてご無用」の時代が始まる

急進的な大学再編案だな、と感じるかもしれない。その通りだが、大学も社会的な存在であり、社会のシステムと基本的に同じマナーで行くのがよい、と考えるからなのだ。

これまでの大学は、国立私立を問わず、なべて競争原理を認めようとしない、社会主義と共通するシステムのなかで安閑としてきたのである。それをまず打破しよう、というのが私の考えだ。もちろん、打破の仕方が問題だが、時間はかかっても、基本的な改革の方向を見失わない、これが肝要である。

大学の危機を乗り切る最善の、オーソドックスな方法は、魅力のある教師の採用と、最大限の活用にある、といった。これを逆にいえば、魅力のない教師を採用しない、しても退任をうながすことができるシステムが必要になる、ということになる。旧来のように、一度勤めれば、何があっても、定年まで地位が保障される、というシステムをとるところは、衰退するのである。

採用があっても、不要なスタッフとわかれば、やめてもらう。しかし必要なスタッフならば、定年制による年齢制限などに関係なく、存分に活躍してもらう、これがベターな行き方ではないだろうか？

したがって、教師の採用には任期制で対応し、有能なスタッフの勤務続行には定年制廃止で対応する、という時代になったのである。

さらにいえば、定年後の人材活用を大学が率先してはからなければならない時代になったのではないだろうか？　あるいは、すぐれた教師スタッフを社会人に求める時代になったのではないだろうか？　ヘッドハンティングである。エッ、もうはじまっているって？　その通りだ。

第3章

大学教授は任期制になる

1

任期制＝契約教授が普通になる

任期制などを恐れるな

定職を離れて、大学に転職しようとする人にとって、「任期制」などというのは、ずいぶん抵抗の多い雇用形態に思われるだろう。再任されなかったなら、失業である。そんな危険を冒してまで、大学の教師になるメリットはあるのだろうか？　こう思われる人もいるだろう。

しかし、大学は、企業と同じように、現在の大学教師の過半を占めると思われる場所塞ぎ教師を望んでいるのではない。有能で魅力ある教師を望んでいるのである。その採用には、大学の命運がかかっている、といっても過言ではないのだ。

3～5年後、再任されないような教師は、大学にはいらないのである。正確にいえば、3～5年たっても、魅力ある教師になることができない、なる努力のかけらも見えない教師は、有害無益なのである。まず、そう思って欲しい。

何だ、すでにポストを得ている教師は、終身雇用制である。場所塞ぎなのに、職を失う危険はまったくない。不公平だ。こう思われるだろう。

しかしである。終身雇用制を、任期制に切り換えてゆくためには、終身雇用制の下にある現職教師の賛成を得なければならない。新採用教師から任期制に変えてゆくというなら、抵抗が少ない。だが、10～20年すれば、完全任期制に移行できるのだ。確実に改革可能な方式を選ぶ、これも改革の基本マナーである、と思える。

これから教師になろうという人の立場に立って考えてみよう。

大学教師になるのだ。どうして知的魅力ある教師の実を示そうとすることに、躊躇する必要があろうか？　その魅力で評価されることをためらってはならない。ためらうようなら、魅力ある教師になることを目指していないからだ。

えっ、3年は短すぎるって。本気ですか？　なる前に、すでに数年、数十年間のトレーニングを積んでいるわけでしょう。3～5年で少しの開花も見ないというのは、それをアッピールできないというのでは？　教師という仕事に向いていないのです。断然、転職を勧めます。

教師全員が任期制になる

他国のやり方を真似する必要は、かならずしもない。任期制についても同じである。ただ参考にはなる。たとえば、アメリカの大学を見てみよう。

この国の教師の新規採用は、まず定職か臨時職（adjunct＝アジャンクト）かで分かれる。ついで、新規採用者は、教授として採用する「試用」期間とでもいうべきテンニュア・トラック（tenure track＝終身在職権を得るための道）に乗るコースと、そうでないインストラクター（instructor＝非常勤講師）、アジャンクト・プロフェッサーのコースに分かれる。

テンニュア・トラックに乗ることができた人がアシスタント・プロフェッサー（assistant professor＝助教授）である。このテスト期間は5～10年で、各大学によって難度差がある。アメリカでもご多分にもれず、テンニュアを得た教授やアソシエイテッド・プロフェッサー（associate professor＝準教授）は、ぐんと業績（work）が落ちる。つまりは、もはやクビにならないので、仕事（work）への熱度が落ちるというわけだ。この制度がネックになって、アメリカの大学教師の質的低下を招いている。

私が考える望ましいと思われる任期制は、アメリカとは異なり、全教員をカバーするものだ。当然、現在採用されだした日本の任期制とも異なる。

第一に、若手で、実績のあまりない年代の任期制は、期間が長い。大枠、40歳の過半まで、新規採用から10年を限度とする。

第二に、実績を上げ、教授になったものは、ライセンス制にし、任期を3～5年程度にする。ほぼプロスポーツ選手のフリーエージェント制に近くなる。もちろん再任を妨げない。

つまり、若手の新規採用組にはじっくり落ち着いて、研究教育に励んでもらい、実力をつけてもらう。他方、実力をつけた教授・準教授連中は、実力評価で再任、転任をはかる。教師が活性化すれば、大学は活性化する。そうすることが任期制の眼目である（もしそうならなかったなら、任期制を再検討しなければならないだろう）。

国立大学の退職組のほとんどが、使い物にならない

どうして任期制にこだわるのか？　何か具体的な理由があるのか？

一　旧来のように、終身雇用制の下では、エスカレーター式に昇格してゆく。新採用の若手の大半が、知的努力を怠って、そのほとんどが知識人の実質を失ってゆく。彼らが古参になったとき、彼らが担当する教育・研究分野は見る影もなくなる。

二　抱負をもって大学教師になったものも、まわりの知的怠慢、荒廃にすぐに感化され、研究活動を二の次にした知的停滞期間に入る、そのままで朽ちてしまう。

三　最も典型なのが、国立大学を退職して、私立大学に移ってきた人たちだ。こういう人たちの大半に、大した教育や研究を望むほうが無理なのはわかっている。前任ポストで大した教育研究成果を残してこなかった人たちがほとんどだからだ。

その上、定年後の「残務」程度の気概でやってくる。しかも、自分は国立大学の教授だった

という妙なプライドがある。研究業績がなく、プライドがあるというコンプレックス体ほどやっかいなものはない。

もちろん例外はある。しかし、稀少である。国公立大学の改編で、事態は一変するやもしれない。しかし、現在のところ、国立大学退職組は、即戦力にならないのである。ときに、有害無益である場合が多い。

四　社会人から大学教師になった人の大半は、最初は、熱心である。しかし、70歳までの任用期間は長すぎる。自分が民間などで得た知識や体験だけでは講義すら2年ももたない。格段の研究養育への熱度が必要だ。しかし、フルタイムで研究活動をすることになれていない。すぐに、教育活動を適当にこなし、研究活動は片手間、あるいは、皆無という人がほとんどになる。

以上が偽らざる現状だ。これじゃあ、大学が魅力のある知的機関であることなどとうてい望めないではないか?

任期制とは締め切りのある仕事をすることだ

私は、ものすごく過激な任期制を提案しているように思えるだろうか? そんなことはない。

新規採用者を、任期が終わったからといって、恣意的にバッサバッサ切っていったら、そんなところに魅力ある教師はやってこない。

また魅力ある教師、将来魅力を発揮しそうな教師を、再任、再再任していかない大学は、早晩廃れる。

教師いかんが大学の興廃を決めるのだ。その教師の任用いかんが重要であることに異論はないだろう。

最もオーソドックスなやり方は、採用後、教師が研究教育に邁進できるような体制をつくることである。理系の実験系は別として、毎日登校して、大学内で研究しているかどうかを査定する、というバカな大学もある。

研究（教育のための研究）活動はおよそ自主的なものでなければ、成果は上がらない。はっきりいえば、好きでなければ研究は進まない。こう思って間違いない。ところが、研究活動に自主的に取り組んでいる人は稀なのだ。その稀な場合も、多くは趣味的なものである。これじゃあ、困ったことになる。

自宅で研究活動に専念できない人に、どうして研究の成果が上がるだろうか？　大学教師の「休日」は、研究活動のためにあるのだ。アルバイトでも、趣味に専念するためにでもない。

したがって、研究活動の成果は、結果＝業績（work）ではかるしかない。ライフワークのように、一生かかっても終わらない「仕事」ではない。締め切りのある仕事だ。3年程度で、一つの仕事ができあがらないのは、少なくともその目途が立たないのは、よほど熱心でなかったか、能力に欠けていたからだ。

締め切りのある仕事をする、これが任期制の内容である。締め切りがなくても、きちんきちんと仕事をしてゆく人を、私自身あまり見たことがない。残念ながら、むしろ例外だろう。

業績等評価委員会が必要だ

教師の評価はどのように決められたらいいのか？　これが難しい。

絶対的な方式などない。こう思ったほうがいい。ベターな行き方を選ぶのがいい、ということだ。

教師の評価はすべての大学で共通なものが望ましいが、各種大学ランキングを瞥見《べっけん》しても、隔靴《かっか》掻痒《そうよう》、痒いところに手が届きそうもないものばかりだ。とても使い物にならない。そう思っていいだろう。というのも、業績は一つ一つ丹念に精査すべきものだからだ。専門分野、研究領域によって、評価軸が異なるからだ。

じゃあ、評価など恣意的で、したがってムダである、といいたいのか？　そんなことはない。

その大学が必要としているスタッフを得るためには、可能なかぎり公正で適切な業績評価が必要だ。そのためには、教授会（教師からなる組織）から独立した機関である必要がある。仲間内どうしのなあなあの評価を避けるためである。しかし、日本には、信頼するにたる独立の評価機関がない。ましてや大学にはない。

新採用、あるいは再任などにおける評価を、教授会の専決事項から独立させ、理事会の支配下に置く必要があるが、しかし、理事会にはその力も準備もないのである。

じゃあどうするか？　最低限、理事会、教授会、そして第三者からなる評価委員会を、その都度設けて、対応するしかない。信頼するにたる評価機関ができれば、そこに評価を発注していい。

ただし、評価＝決定ではない。教授会の同意を得て、最終的には理事会が可否を決定する。間違った人事を行えば、理事会の責任になる、ということだ。人事は、経営責任の重要な一環であるのだ。

2 非常勤講師はフリーアルバイター化が進む

非常勤講師とは何か？

常勤教師はフルタイムで働く。非常勤教師はパートタイムで働く。大枠こういっていい。

常勤には教授会の構成員とそうでない人がいる。常勤でもインストラクターや助手、講義や演習だけを受け持つ客員教授や特任教授などは、総じて教授会の構成員ではない。

非常勤教師にも、各種ある。これまでは一括して、非常勤講師と総称されてきた、フルタイムでない客員教授や特任教授がいる。従来の非常勤講師でも、公表はしていないが、一律の待遇ではなく、教授、助教授、講師の各ランクわけがあり、一コマ単価の報酬は異なっていた。

非常勤教師にも、講義形態が異なれば、異なった呼び方をするようになった。
①非常勤講師……通年あるいは半期を通して授業を受け持ち、成績評価を出す責任がある教師。報酬は、半期制なら、1コマA円×15÷6＝B円が、1カ月分。
②ゲスト講師……講義の主宰者（常勤教師）は別にいて、1〜数回のコマを受け持つ。成績

評価を出す責任はない。報酬は一括して、1コマC円×D回数＝E円

③特別講師……通常講義とは別に、講演会方式で講師を招く。報酬はまちまちだが、通常は高い。札幌大学は、通常、1講義10万円。

④客員教授、特任教授……非常勤教師で、しかも、講義も1〜数回しか担当しないが、大学がセールスポイントとして招聘した教師をこのように呼ぶ。ただし、客員教授、特任教授には、共通の規定はない。各大学でそれぞれ決めている。

なお、特任教授は、まさに特任で、その形も中味もさまざまである。まったく報酬のない特任教授もあれば、講義義務がなく研究だけに専念し、しかも高い報酬を得ているというものまで、千差万別である。

非常勤講師こそ大学教育の生命線だ

日本の大学は、どこでも、非常勤講師の採用、能力、待遇などに特別関心を払い、組織的に非常勤問題を考える、という習慣がない。したがって、事実上は常勤教師の個人的な裁量に任せてきた。

たとえば、英語の講義を、ネイティブ・ランゲッジの講師を招いて行う、と決めた場合、その講師採用から、講義内容などまで、全部、英語の常勤教師が取り仕切らなければならないの

だ（この事情は、アメリカの大学、特に、非常勤講師を容易に確保しにくい地方大学でもほとんど同じである）。毎年毎年、場当たり的に対処するというのが常態である。

しかし、どの大学でも、講義の過半近くを占める非常勤講師の授業が、どうでもいい、どうなってもかまわない、などと無関心、無責任のまま、やりすごしていていいわけがない。

誰だって、魅力ある常勤教師だけでなく、魅力ある非常勤教師いかんが、魅力ある大学にとって決定的に重要だ、と思うだろう。

エッ、全部常勤講師にしたらいいだろう、だって？　国立と私立を問わず、大学と企業とを問わず、パートタイマーの力なしに、常勤だけでまかなうことは、できないし、適切でもない。

必要なすべての専門部門に、常勤を備えることは、できない。これはどんな巨大な総合大学でも不可能である。

しかも、社会が必要としている部門は、時々刻々変化する。その変化に対応する必要がある。だから、一時的にも、長期的にも、常勤でカバーできる部門以外の必要部門をパートで穴埋めしなければならない。

もしこのパートが占める役割がきちんと果たされていないと、大学の生命力である講義内容が、偏り、固定化して、停滞する。魅力ある大学づくりにとって、最大の障害になる。

非常勤講師の能力アップが急務

実際には、いま述べたような非常勤教師の対策は、皆無に近いのである。常勤にもずいぶんと能力や人格に問題な人がいる。しかし、非常勤の場合は、この比ではない。

しかも、大学の授業は、教師の個人裁量で行われる。共通のテキストもない。どんなにいい加減というか、低劣な授業をやっても、チェックがきかないのだ。

そして、かなりいい加減な授業をする教師でも、あるいは教師こそ、心得違いの学生にとっては都合がいい、という場合もある。たとえ熱心でも、授業はいい加減、低劣で、評点が甘い、という理由だ。

有効な対策はあるのか？

魅力ある非常勤教師を迎えるには、採用した教師に必要なトレーニングを課す、その成果を評価する、というオーソドックスな行き方をとるしかない。

何をいうか！　劣悪な待遇なのに。常勤と非常勤の待遇に差がありすぎることや、非常勤の自由裁量を許しているのは、大学側ではないか！　教師にふさわしい待遇と対応を期待しているのは、むしろ非常勤講師のほうじゃないか！

こういうクレームを歓迎したい。実際、非常勤問題を、大学にとって副次的で、補助的な問題とみなしてきたのは、大学側であり、常勤側だったのである。

幸いというべきか、当然というべきか、正業をもっていて、なおかつ、週に一度、月に一度、半年に一度、年に15コマ、5コマ、2コマ程度を大学で教える能力をもった人、教えたい人は、予想をはるかに上回るほど多いのではないか？　それが高度知識・技術社会の通則ではないのか？

非常勤「専門」教師と人材派遣センターが必要

大学教師の能力をもつ人、教える希望をもつ人は、私の知るかぎりでも多い。しかし、その希望を満たす「受け皿」（制度）がないのである。

しかし、方途はある。それにそんなに難しくはない。

一つに、JREC－IN（研究者人材データベース＝Japan REsearch Career Information Network）という機関がある。独立行政法人科学技術振興機構に事務局があり、研究に関する職を希望する研究者情報と、産学官の研究に関する求人公募情報をそれぞれ収集・データベース化して、インターネットを通じて無料で提供している。

このサイトに、非常勤や臨時職の「公募」が数多く現れてきた。しかし、まったく量的にも質的にも、不十分である。全大学に協力を依頼し、非常勤教師だけの分野別データベースの公募サイトを開設することは、それほど難しくない。

二つに、各大学も、自主的に常勤の公募だけでなく、次のような対応が必要である。

①現行の非常勤教師のシステム（無システム）を徹底的に見直す（リストラする）。

②必要科目の非常勤を徐々に「公募」制に切り換えてゆく。そのためのサイトを開設する。

③非常勤人材バンクをつくり、講義可能な科目などを自由に登録できるサイトを開設する。

④非常勤などの人事を特殊に扱うシステムが必要になる。

三つに、大学に常勤・非常勤教師人材を派遣するセンター（NPOでも準民間でもいい）を開設する。もし可能なら、地域の大学が共同してこの人材派遣センターを設立し、運用してゆく。大学教師志望者をプールするセンターである。ここを利用して、成約がなったら、斡旋料をとってもいい。

世の中は情報時代である。大学はその知的最先端から大いに遅れているのではないだろうか？　その理由の一つに、優れた魅力ある人材を広く求める努力を欠いてきたことにある。

とりわけ社会人から大学教師に転職しようと望んでいる人にとっては、常勤・非常勤を問わず、以上の三点の開設は朗報となるに違いない。

非常勤はフリーアルバイターか？　フリーランサーか？

「フリーランサー」という言葉がある。自由契約者のことで、作家や、映画・演劇など、決まった組織に所属しない俳優・歌手などのことを指す（なおフリーランスは和製英語）。

「フリーアルバイター」という言葉もある。フリーアルバイター（free＋独Arbeiter）、短縮してフリーターはともに和製外国語だ。学校に在籍せず、定職に就かず、臨時的、パートタイム的に仕事に従事している者を指す。

「正社員」および「常勤」（full time）者が主流であった時代から、部門によっては、契約社員、あるいはフリーターが過半を占める時代になった。この傾向を働く者にとって、否定的な意味にとる必要はかならずしもない。

仕事内容も、組織形態も流動的になっているからである。Aという仕事で、チームを組んだスタッフは、仕事を終えると解散する。従来は、職場の常勤者でチームを組み、解散していった。Aという仕事に最も適合的なスタッフを契約社員として社外から求め、仕事が終われば解散するというフォーメーションは、従来もあったが、これが主流になるということだ。

大学の教師も、その過半は、常勤・非常勤を含めて、契約制＝任期制になる。こう私は見ている。そこで注目されるべきは、非常勤「専門」の教師のあり方だ。需要に応じて自分の知的能力を売る、というフリーランサーに近い存在である。

それに、一部の売れっ子作家や俳優などのフリーランサーを除いて、一般のフリーランサーよりも、非常勤一本で行く教師稼業は、悪いようには思えない。

第一に、大学内の雑用義務からまったく免除される。

第二に、長期の夏、冬、春休みを確保できる。

第三に、給与は、他のフリーアルバイターと比べて、格段にいい。それに、高度な能力を発揮すれば、格上げされる。

第四に、大学内の施設、システム等を存分に利用できる。

つまり、知的職業としてなかなかに見込みのあるポジションなのだ。この点で、フリーアルバイターというより、フリーランサーと呼ぶべきだろう。フリーランスとしての大学教師を、大学側も、教師志望側もきちんと視野に入れておく必要がある、というのが私の考えだ。

第4章

社会人出身の教師に何ができるか

1 社会で活かした知識や技術を大学で活かす

なぜ外部からの新しい「血」が必要か

社会人、企業などから大学に職を転じてきた人たちに、最も要請されているものは何だろうか？

第一に、企業が学生に要求している「実践力」あるいは「即戦力」を養成するだけの指導力があるか？

第二に、研究教育に熱意があるか？

第一の点は、決定的に重要である。学生→大学院学生→助教授→教授と大学内だけを歩いてきた教師に、決定的に欠落している点だからだ。

しかし、まずは第二の点について検討しよう。大学教師なのだから、研究教育に熱心であるに違いない、と思うだろうか？　残念ながら、そうとはいえないのだ。もちろん、熱心な人もいる。しかし、そんな人の多くも、蛸壺にはまっている、としかいいようがないのだ。

一つのことを、倦《う》まずたゆまずやり続ける。すばらしいことだ。だが、大いに留意すべき点がある。マンネリを招く種でもあるからだ。自分でつくった狭くて厚い蛸壺にはまりこんで、安住を決め込むのである。大学教師にはこれが多い。それもほとんどは大した壺ではない。ちょっとの衝撃で粉砕してしまう体《てい》のものだ。

これを避けるためには、外部から新しい血を求めることしかない。蛸壺じゃダメよ、という刺激を与える「外部」が必要なのだ。

社会人から大学教師になろうとしている人に求められているのは、第三に、この新しい血の導入である。「血」にはいくつかある。

総じていえば、大学で通用している思考・行動様式とは異なるマナー（文法）である。

①企業等で行われている最先端の知識や技術、とりわけ即戦力となりうるもの
②消費・サービス時代にふさわしいマナー
③競争を厭わない精神構造、とりわけチャレンジ精神
④効率的な経営と組織運用のマナー

等がある。ところがここに問題がある。

社会人から大学に移りたいと思っている人の多くは、これらのマナーを、通常の大学人より身につけているが、通常の社会人よりはもちあわせていない、という事情である。

社会人が大学教師になろうという動機のほとんどは、
①成果主義から逃れることができ、比較的ロングレンジの研究を行うことができる。
②「お客様は神様である」式の、営業＝売り上げ第一主義にひきずられないですむ。
③マイペースで教育研究活動を行うことができる。
④時間に追いまくられる効率第一主義の仕事の仕方から解放される。

というものなのだ。そのために、フルタイムで勤務しなくてもよく、長期休暇もある。

つまりは、一見して、大学が外部の血として望んでいる人材と逆向きの思考と行動の持ち主である。

社会人から大学教師になろうとしている人の共通動機

一見して、逆向きに見えるこのようなマインドとアクションの持ち主は、大学にとって望ましくないのか？　大学教師として失格要件になるのか？

そんなことはない。

私が大学に望むのは、成果主義、競争原理、効率的経営の導入であり、そして大学教師に望むのは、何よりも大学教師が、学内であれ学外であれ、フルタイム稼働の研究姿勢で臨むことだ。

大学教師に自宅研修があり、長期休暇が与えられているのは、「特権」でも「恩典」でもない。大学教師にステッディ（steady　間断なく落ち着いた）な研究を保証し、研究成果を義務づける物理的条件なのだ。研究成果は、教育活動に援用され、あるいは、社会に還元され、評価を得る。いずれも大学に寄与すること大である。

ところが、何を心得違いをしているのか、大学教師も労働者である、働く場所の基本は大学内である、といって、タイムカードを義務づけ、週5日登校をうながすなどという大学が増えている。

こういう大学は、自ら、大学教師に研究しなくともよろしい、研究成果を出さなくてもいい、教育活動の内容は問わない、ということを世間に向かって喧伝していることになる。

私が大学に成果主義・競争原理・効率的経営・研究の活性化を提唱するのは、ビジネス世界をモデルにせよ、などといっているのではない。従来の大学教師が、当然なすべき研究も、その成果も上げず、知的ワーカー（レーバー＝laborではない）としての資格を欠いてきたのを改めるためにだ。

社会人から大学教師にトラバーユする人にいいたい。あなたがたの動機は間違っていない。しかし、蛸壺の大学教師を目指すな。ビジネス世界とは異なる成果主義・競争原理・効率的経営を大学に打ち立て、研究でも教育でも大いに力を発揮して欲しい、ということだ。

即戦力の知識と技術を教え続けること

大学は、大学内に少ない即戦力の知識や技術を教える力をもつ教師を、強く望んでいる。実際、そういう力をもった人が職を得るのは、容易である。

しかし、即戦力の知識や技術は、この高速に変化する社会では、最先端のものにかぎっていえば、すぐに古くなる。

なに、大学は、ビジネス世界のように、「先端」(frontier)や「流行」(fashion)を追い求める必要はない。大学はより長期的で原理的な側面に重点を置いて、研究教育すべきだ。こういう反論があることだろう。

しかし、これでは、企業が要求する即戦力を養成するところから、どんどん遠ざかってゆくだろう。

そうならないためには、大学や自宅の研究室(スタディ)に閉じこもっていてはならない。常に、最先端の知識や技術と接点をもつビジネス世界と関係をもち続ける必要がある。この努力は、考えられている以上に、容易ではない。

企業から大学に転じるということは、超一流大学は別として、医療設備や研究体制の整った病院や大学付属病院から、市町村立の病院に移るか、個人病院を開業するのとよく似た事情になるからだ。つまりは、「置いてけ堀」を食らうのだ。

そうならないためには、企業＝民や官（国や地方自治体）の研究者との共同研究、それも最先端のプロジェクトに参加するか、自分から最先端の知識や技術を研究し教育している研究機関（大学院を含む）に出かけていって、常に自分の能力をフレッシュアップしなければならない。

さらには、最先端の知識や技術を学生に教えるためには、最小限度の専門語は別としても、普通の学生にわかる言語に翻案して教えなければならない。これは思っている以上に難しい。社会人からトラバーユした教師の言語能力は、低くはないが、自在さに欠く。それに、後に詳しく述べるように、学生＝普通の人間と共通言語で結ばれる核になる教養的知識に欠けるところがある。この知識が欠けると、教育がスムーズにゆかないのだ。

社会人からリクルートした教師が陥る憂鬱

社会人から転じた大学教師は、大いなる抱負をもって、教育と研究にとりかかる。その熱が仲間にも伝播して、なかなかにいい感じなのだ。

ところが、たいていは、二年も過ぎれば、張り切っているようには見えるが、楽しそうには見えなくなるのである。大半は、こういう理由だ。

第一に、1年間に90〜100分授業が1コマ実質25回ある。講義を2コマ、入門ゼミを1コマ、専門ゼミを2コマ、それに特別講義が1コマ、これが私のノルマである（講義は半期制だから、13回分の講義を6つ開くことになる）。

これを社会人から転じた教師が、1〜3年程度、必死になって取り組むとする。よほど蓄積のある人は別として、講義で話す内容がなくなる。ときには、自分の経験談や、自慢話で終始する教師も出てくる。同じことの繰り返しは、面白くない。後ろめたい。しかし蓄積がない。「憂鬱」になって当然だろう。

第二に、かつてはフルタイムで職場や研究室に拘束の身だった。忙しい。その合間を縫って、時間をつくり、ペーパーを書いたり、研究会に顔を出すのは楽しかった。研究だけに没頭することができたら、どんなに楽しいだろう、と夢見さえしただろう。

しかし、十分な研究のための時間がある。気分の上では毎日が研究日である。ところがこうなると、研究＝日常となり、研究生活に、少しも楽しさがわかないのである。

この点、自生の大学教師は、一部だとはいえ、若いときから研究生活が義務で、習慣になっている。自宅での研究日には、通常より早く、スキッと目覚め、おのずと机に向かっている。講義も、若いときからの蓄積がある。

外来の教師がこの憂鬱から逃れるためには、フルタイムで研究する以外にない。フルタイムとは、たとえば、朝6時から夕方4時まで、実質8時間、専門研究活動に費やす。そのあまりを、専門外の知的トレーニングに費やす。これを、週最低5日は行う。もちろん、長期休暇中も同じである。これなくして、憂鬱は晴れない。

トレーニング不足では務まらない

大学教師で最も重要なタスク（課業）は、教えることだが、それは教える準備なしには不可能である。90分の授業に対して、どれだけの準備が必要か、は個人差がある。しかし、総じていえば、90分に対して10倍の９００分は最低必要だろう。

私（鷲田）は、雑本ばかり書いていて、少しも講義＝教育活動に熱心ではない。講義の準備もしていないだろう。講義は、学生に自分の本を買わすためにやっているように見える。

こういう非難は、同僚だけでなく、まったく未知な人からも発せられる場合がある。私だけでなく、大学教師一般に抱いている通念でもある、といってもいい。

しかし、自分のことに関していえば、40代の半ばから、教養専門の教師になる、と決意した。それ以降、私の研究活動も、執筆も、ほとんどが講義の準備と位置づけてきた。ボランティアさえも、私の研究や執筆と結びついており、内容上は、講義と直結している。それに、講義した内容を、再生し、精製し、テキスト化する努力も続けている。

こういうことも含めていえば、講義の準備にはどれだけの時間と費用がかかっているか、計算できないほどだ。しかし、この準備はムダだろうか？　なしですませられたらな、と思えるだろうか？

この準備が快感なのである。教えることの快感は、この準備期間にこそある、といっていい。トレーニングが好きでなければ、教師は務まらない。

毎年講義内容を変える。私が目指しているところだ。これは専門教育の場合は難しいだろう。語学や体育のような、技術的な内容を秩序立てて修得させてゆく場合は、特に難しいに違いない。系統立てて反復練習するのが基本だからだ。

しかし、講義の多くは、毎年、全面新装する必要はないだろうが（私は不遜にもこれを目指している）、テキストを変えることで、テーマの重点を移動させ、話題や事例を差し替え、展開を変えることが可能になる。

重要なのは、教育や研究で、マンネリに陥らないことだ。同じことの反復は、学生に対しても失礼である。しかし、何よりもまずいのは、精神衛生に悪いからだ。

もっとも、私たちが習った哲学概論は、毎年同じ授業で、教授は同じノートを毎年同じ調子で読み上げるだけだった。ただし、この著名なO教授の言い分はこうだった。

「哲学は真理を教える。真理は不変である。その真理に、あれもこれもあっていいわけはない」

よくもまあ、平気でこんな程度のことがいえたものだ。しかし、O教授は研究熱心だった。だからまあ、許されたのだろう。

知的・技術的蓄積はほどほどにある。しかし、それを系統立てて展開する言語能力がたりない。そのためには、関連文献を読み込まなければならないが、そんな努力は、ノーサンキューだ。そのようなトレーニング不足の教師の講義は、魅力がなく、マンネリになるのも当然である。

社会人教師に欠けているのは「教養」だ

ふつう、大学人は、社会から半ば閉鎖された世界にいて、自分だけの専門に閉じこもり、偏《へん》頗《ぱ》な思考や行動に陥っている、と思っているのではないだろうか。ある部分では当たっている。しかし、そうでもないのだ。

ビジネス世界からやってきた大学教師に総じて欠けているのは、「教養」である。えっ、そんなことはないだろう、比較すれば、自生の大学教師よりずっと教養度が高いに違いない、と思われるだろう。ところがそうではない。

それは授業をしてみればよくわかる。いささか大げさにいえば、人類が長い間かかって蓄積してきた共通の知識や技術に対する関心度も修得度も、比較すれば、自生の大学教師のほうが強く大きいのである。外来の教師が、授業の種がすぐに尽きてしまうのも、専門の深度の違いもあるが、教養の違いが大いに関係しているのだ。

社会人から大学教師になる人には、教養が欠けている、ということに不信感をもつ人がいるかもしれない。端的にいえば、それは読書力、総じて読書量の差から来る、といっていいだろう。

たしかに社会人だって読書量の多い人はいる。しかし、大学教師と比べると、平均しても数倍劣る。そういって間違いない。総じていえば、残念ながらというか、当然というべきか、その比は1~2倍ではなく、5~10倍である、と思っていいのではないだろうか。

もちろん、例外はある。私の周囲にいる大学教師、それも文系の教師で、ほとんど本を読まない人がいる。それでも、年間に50冊程度は読んでいる。ほとんど読まない人でだ。

「本を読むから教養が身につくって? そうじゃないんじゃないの?」という声が聞こえそうだ。たしかに読書=教養ではない。しかし、読書をしない教養人はほとんどいない。もちろん、本の種類にもよるが。専門書だけでは教養を得ることができない。専門書プラス雑書が必要なのだ。雑書とは、専門外の本である。

それに、本を読まないと、本を読む習慣が身につかない。忙しいから本を読まない、ではないのだ。忙しいからこそ、本を読みたくなるし、読んでしまうのである。このマナーをぜひ身につけてほしいものだ。

「転職」で新しいエネルギーが甦る

転職した人で、研究教育ばかりでなく、水を得た魚のように嬉々として、大学人生活を楽しんでいる人もいる。

『新・大学教授になる方法』でも紹介させてもらった県立島根女子短期大学のＭＨさんは、毎年、近況を知らせてくれる。研究に、教育に、それに学生や家族との、（私にとっては）羨ましいような生活を謳歌しているとのことで、この生活は、前職の中学教師を続けていたのでは、おそらく望むべくもなかっただろう。

ＭＨさんは１９６５年京都に生まれ、京都教育大学の特美（特修美術科）でグラフィック・デザインを学んだ。１９８７年、公立中学の教諭（美術）になり、在職中の特例で、１９９５〜９７年京都教育大学大学院の美術教育専修コースで学び直し、幸運にも１９９７年、島根女子短大に専任講師として迎えられた。現在、助教授である。

中学教師として就職直後、私の『大学教授になる方法』を読んで、大学教授になるために、どんな小さなチャンスでも生かそうとしてきて、その念願が叶った、という感激的な手紙をよこしてくれた。

MHさんの開放的な性格は、コミュニティ活動、たんに大学内だけでなく、広く地域にまたがる社会貢献につながる方面でも大きな成果を上げているようだ。

近年、短大の需要は減り、多くの短大が4年制への衣替えを行ったが、地域性もあるのか、島根女子短大は教師数45名の小世帯でも健在だそうだ。家政科（定員80人）・保育科（定員50名）・文化科（国文50名・英文50名）の3学科からなる。

水が変わる、職場が変わる、たんに住まいが移動する、もうこれだけで、人間に活力がわく。よく、地方に飛ばされた、自分の生き場所を失った、やる気がしない、こういう人がいる。しかし、場所が変わるのは、それまでの生きるエレメント（境位）が変わることだ。エレメントとは、魚にとっての水である。

ましてや自分が望んだエレメントを得るのである。これまで眠っていたエネルギーが目覚める。フルタイムで稼働しても、だれも、どこからも文句が出ない。それが大学教師の研究生活なのだ。MHさんのようにこの生活を満喫しないでどうする。こういいたい。

2　実業教育・研究のビジネス化・サービス化は時代の要請

大学は労働市場の半歩先を行く人材育成が要請される

企業より大学のほうは、何ごとにおいてもロングレンジ（長期展望）で進めることができる。しかしこのことは、大学のほうがのんびり、ゆっくり進んでもよろしい、ということではない。

新しい労働市場に大量の新入社員を送り込んでゆく大学は、当然、その労働市場でどのような人材が求められているか、に敏感でなければならない。こういう人材が必要だ、といわれたとき、適宜にその人材を提供できなくてはならない。

この場合、需要があってから、はじめてそれに適応した人材を養成するのでは、大学間の競争で後塵を拝してしまう。

つまり人材育成は、労働市場の半歩先を歩んでいなければ、卒業生にいい仕事場を確保できないのである。これは現在の大学教育にとって致命的な欠陥を意味する。

このような労働市場の変化を敏感に読み取り、その変化に対応する人材養成のための教育システムを準備し、実施することが、実業界で活躍してきた教師たちに大いに期待されている。この点でいえば、大学教師といえども、企業の変化を先取りする研究力が求められているのである。

何か大げさに聞こえるかもしれない。しかし、慶応や早稲田のように、企業が呼び込みをしてくれるような一流校ならいざ知らず、無印大学が就職戦線で一矢を報いる方法は、企業がただいま必要とする、これから必要とするであろう人材を提供することがベストな行き方なのだ。

現在のように、就職先の志望を学生の恣意に任せ、人材養成を大勢《たいせい》順応でやってゆくのでは、三流・四流校が一流・二流校には勝てない、と思わなければならない。

サービス産業の質的拡大に見合った人材育成

現在最も大きな労働市場部門は、サービス産業である。このサービス産業の変化がこれまた激しい。ところが大学のカリキュラムは、少しもこの変化に対応しようとしていない。そういうことは、課外教育＝エクステンション（extension courses 公開講座）としての職業教育や就職講座（有料）、とりわけ専門学校とタイアップすればいい、とみなしている。まるで継子扱いなのだ。

しかしサービス部門の変化は、経済学、経営学にとどまらず、政治学や社会学、ひいては哲学が組上にあげなければならない、まっとうな学問研究の課題でもある。大きくいえば、消費資本主義の本質に関わり、小さくは個人消費の個々の選好、つまりはどう生きるかに関わる、いずれも重大な社会変化、人間変化の内容を含んでいる。

重要なのは、企業に入って研修すれば身につくようなノウハウの類ではない。グローバル時代の最も大きな変化を衝き動かしている、実業界にとって最も必要とされている知識や技術の基本を教えることができるかどうかである。

これは個々の教師が個人的に試みてもほとんど意味をなさない。サービス産業に職を求める学生に向け、一つの旗を掲げて系統的に推し進めるべき課題ではないだろうか？

もちろん、総花的にやる必要はない。自校の特色を出せるような、しかも変化に対応可能なカリキュラム編成が必要だ。

このカリキュラム編成に当たって、社会人からの転職組に大きな期待がかかって当然だろう。たとえば、「車のディーラーの営業に強い人材（卒業生）を輩出する札幌大学」、などという評価を得たら、しめたものだろう。この巨額の自動車産業を支えているのは、ディーラーの営業マンであり、彼らの優劣がビジネスの成否を決めるのである。大学がこの研究教育をネグってもいいわけはない。そう思えないだろうか？

産学協同の領域は無限だ

実業教育で避けて通れないのは、産学協同である。何も大げさなプロジェクトを考える必要はない。企業を巻き込んでの共同開発などと、必ずしも意気込む必要はない。

重要なのは、大学が資金提供を受けて企業の研究開発の肩代わりをすることが主眼ではない、ということだ。大学（だけ）が、大学教師（だけ）ができることを、大小にかかわらず、産業化することである。ただし、大学が直接ビジネスに手を染める必要はない。むしろ、しないほうがいいのだ。

たとえば、出版である。現在は、出版会社の企画・注文によって、あるいは一部は書き手の持ち込みによって、書物が公刊される。専門書は売れない、読まれないというので、大学によっては出版助成金を出して出版を後押ししているところもある。

しかし、少部数であれ、必要な本は出版されるべきである。大学が出版会社をもつこともあるが、これは避けたほうがいい。身内の出版は情状酌量が間に入る。基本は、大学が出版に関する窓口をもって、出版社と特約を結び、テキストと専門書とを問わず、大学独自の戦略で教師の研究成果をどんどん書物にしてゆくべきである。

あるいは、大学人、とりわけ学生の人材派遣センターを開設し、企業の需要に応じることもできるだろう。さらには、これはもう長い歴史をもつが、企業の社員の再教育を受けもつこともある。もちろん、企業とは違った大学独自の教育のほうが有効だ。

これらの一つ一つを見れば、成果もそこから生まれる収益も、さほどのことがないように思えるだろう。しかし、塵も積もれば山である。それに大学にビジネスを引き込む機縁にもなる。産学協同の形も内容も、実にさまざまである。

重要なのは、大学がビジネスに手を染めることだ。しかし、大学独自の戦略をもってやることだ。そのために、ビジネス世界から参入した教師の力が大いに助けになる。私はそう確信している。

えっ、大学教師になってまで、ビジネスと関係をもちたくないって？　いやはや。もっとも気持ちはわかるが。

3 職業教育・研究は専門化と実習化に分化してゆく

学問の性格が変わってきた

大学は学問の府である。大学の本分（doing）は学問することで、教育研究の場なのだ。大上段にかまえれば、こういって間違いない。どんな時代だって通用する定義だ。

しかし、時代によって学問の性格が変わってきた。大学の種類（カテゴリー）、順位（ランク）によっても、学問の内容が変わる。

1960年代、文学部の哲学科では、サルトルはまだ評価が定まっていない、したがって、学問研究の対象にしてはあいならん、端的には卒業論文の対象ではない、と断じられた。しかし、21世紀の現在、サルトルはもちろん、デリダだって、ときには池田晶子だって、研究OKという仕儀になっている。

学問が、学問を担う大学教師の研究領界・範囲がどんどん大きくなり、多岐にわたるようになっている。

「大学の本分」という言葉が変わらなくても、「本分」の内容が様変わりしたのである。産業の消長と同じように、学問にも消長があるのだ。はやり廃りである。

特に理系の場合、消長が激しい。たとえば、60～70年代には、環境科学などという領域は影もなかった。しかし、現在は何でも頭に環境をつければ、いっぱしの学問＝科学の装いを凝らしているように見える。もっとも、環境文化論はあるが、環境文学はまだない。戦争文学と同じように、そのうち出てくるに違いない。ただし、環境科学は残っても、現在の告発タイプの問題提起と異なり、環境破壊をどう解決するのかの、技術的あるいは倫理的側面が前面に出てくるに違いない。

一部のマンモス大学を除いて、個々の大学にとってこれから重要なのは、総花的学問を展開することではない。研究教育の成果が見込め、人材育成に効果があがり、特色ある研究成果＝業績と教育成果＝人材を生みだすことである。

既成の大学や学問の枠組みにとらわれず、生きた時代の転換を、身をもって体験している社会人出身の知的人材が、大学に参入して、活躍するチャンスはますます強まっているのだ。

過半の人が大学を通過して就職してゆく

大学の変化の最大のものは、同年齢の過半が、大学（＋短大）に進学し、就職していくことにある。これはもちろん、日本だけの現象ではない。アメリカもドイツも韓国もである。いまや大学進学率は約50％で、1960年、大学進学率が10％だったことを考えると、当時の高校と現在の大学が同じ社会的意味をもつということだ。

したがって、現在、「なぜ大学に行くの？」という問題よりも、「なぜ大学に行かないの？」という問題のほうが意味をもつようになったのだ。前者は「みんなが行くから行く」でOKである。これに対して、後者は、特別の答えを用意しなくてはならない。

つまりは、大学に目的も意味ももたずに来る学生で大半を占める大学が、今日の大学の偽らざる姿なのである。大学に特別の期待ももたず、大学で何をしようとも思わない、就職期が来たらトコロテンのように押し出されてゆく学生を相手に、教育し、その教育のために（も）研究してゆくのが、大学教師の大きな役割になっているのである。

さらにいえば、世界の大変化に対応して、大学の性格も変わってきた。グローバリズムの時代である。「日本の常識は世界の非常識」ではすまなくなった。世界のどこに行っても通用する知識や技術を教授しなければ、大学卒の人材育成としては、失敗の烙印を押されかねない時代になったのだ。

同時に、世界の中で「日本とは、日本人とは？」という質問にきちんと答えなければならなくなっている。ナショナル・アイデンティティなしに、このグローバリズムの時代をしっかりと歩んでゆくことは難しくなる。

この世界基準と民族基準は、両極端の方向を向いているように見えるだろう。そうではない。ナショナル・アイデンティティの証明（たとえばパスポート）のない人間は、世界の国々を自由に通行できないではないか。

かつては、アメリカも中国も、隣国だが、日本人にとっては抽象的存在だった。それが、ビジネス、観光、交友等々の関係で、直接間接に往き来しなければならない、具体的存在になった。他国のことを知らなければ、それ以上に、他国が日本をどう理解しているかの問題にかぎっても、自国＝日本のことをよくよく理解していなければ、対等で風通しのいいつきあいは難しい。

最も必要なのが専門的教養教育である

日本人の過半が大学に進む時代、グローバリズムの時代、大学で欠かすことができないのは、第一に、日本人ならだれでももっていなければならない「常識」（コモン・センス＝グッド・センス）を教えることである。この日本人に共通に要求される常識の教育とは、教養教育のことだ。もちろん、今日の高度な知識・技術・消費・福祉時代にふさわしい教養である。

そして第二に、世界の常識を教えることである。同時に、世界との関係で、世界との比較で、日本を理解する態度を養うことである。

なぜ日本の自動車産業は、アメリカのビッグスリーに追いつき、追い越すほどまでになったのか？　１９６０～７０年代に、日本人が乗っていた国産車は、大げさにいえば、いつ道路の真ん中で立ち往生しても、不思議でなかった。性能が悪かった。スタイルが悪く、居住性はよくなかった。外国車がピカピカに見えたのも当然である。

しかし、21世紀をまたいだ日本車はどうだ。性能はいい。それに故障しない。燃費は抜群、スタイルも引けを取らない。それに居住性がよくなった。しかも、価格はリーズナブル。どこをとっても、グローバル・スタンダードである。これで売れなければ、消費者はよほどどうかしている。

「トヨタを見習え！」などというのは、何か志が低く見えるが、日本の大学が本当に見習わなければならないのは、日本人に愛され、しかも世界中に愛される人材を輩出することだ。愛されるとは、有益な活動によって重用されることだ。

日本に通用し、しかも世界を射程に入れた教育の中心は、何か？　ここは大きな議論が沸くところだ。

最も大きな教育課題をあげよう。「専門的教養」である。聞き慣れない名前だろう。「教養」にはもともと、「リベラル・アーツ」(liberal arts) という言葉がある。一般教養である。したがって、「専門的教養」とは、一般教養よりも質量ともに広く深い、と抽象的にいうことができる。

ヘーゲルは教養的哲学のことを、哲学の百科全書（エンサイクロペディア）といった。専門的教養哲学のモデルは、いってみれば「哲学概論」である。

グローバル時代に通用する、新しい概論（＝一般総論）が、専門的教養教育である。ならばたんに「概論」といえばいい、ということだろうが、既成概念としての「概論」を排する意味も込めて、あえて「専門的教養」といってみたい。

社会人出身の教師が最も苦手とするのが、体系的で網羅的だが、総花的ではなく、具体性をもった、百花繚乱的で原理的な教養、つまり「専門的教養」を教えることである。そういっても間違っていないと思うが、どうだろう。

専門学校に任せておけるか？

大学に入ってまで、なんで教養教育なの？　もう高校で終えたはずだ。たんなる反復ではないか？　という非難の声が上がる。私があえて、「専門的教養」といった理由の一端も、これと関連する。

グローバル・スタンダードの時代における、実業・実務教育は、高校時代までは射程圏外にあった専門的教養を土台にしなければ、通用しない、と思って欲しい。

大学が職業教育を大幅に取り入れる。そのためには、専門的教養の最低限度の研究・修得が重要なのだ。大学教師がだ。そうでなければ、職業教育を専一にする、専門学校、専修学校と区別できなくなる。大学の存在理由がなくなるではないか。

大学は、実業・実務教育をそのカリキュラム体系の中に入れなければならない。しかし、その入れ方は、大学のやり方で行うのだ。世界に通用する日本人の職業人材を養成する。

これは、学部の教育においてだけではない。「専門的教養」を特に必要としているのは、高度に知的な技術系の職業人を養成する、ビジネススクールやロースクール、それに医学部等の大学院、さらには教師養成機関である。この教育機関で、社会人出身の教師が活躍するチャンスがますます拡大してゆく。これは間違いないところだ。

同時に、これら高等職業大学に欠けているのは、広くて高い教養である。彼らの知的技術を支える人間として当然もっていなければならない、歴史センスや道徳観等々を鍛える場がどこにもないのだ。

私は、かなり前から、高等教育大学院（まさに趣旨はフランスのエコール・ノルマル・シューペリウールと同じだ）の設立を訴えてきた。専門的な教養を教えることができる教師を養成する大学院である。

しかし、設立を待っていることはできない。私自身が、専門的な教養哲学の教師になろう。そう決意したのが、40代半ばだった。言うは易く、行うは難しである。ほぼ20年、その間、関連する著作を50冊以上書いてきたが、道半ばというところだ。

インターンシップにつながる教育の場の拡大

もう一つ、日本の大学が、そして学生がネグレクトしているのが、インターンシップ（実習制度）の問題である。

実業や実務の力は、実際に職に就いてから身につける。それで十分だ。日本の企業も大学も、これで通してきた。むしろ、使い物にならない妙な知識や技術を身につけてこないほうがいい。したがって、大学受験の成績で決まる、出身大学が採用基準、で十分だ、というわけだ。

しかし、企業は（ある程度）即戦力を卒業生にも要求するようになってきた。一つの進展である。ただし、即戦力について、一言いうべきだろう。

「即戦力」の養成を、何か薄っぺらな、短期間だけ通用する能力と解する傾向がある。もちろん間違っている。短期決着型の即戦力もあれば、持続的に強力になっていく即戦力もある。短期決着型にも、薄っぺらなものもあれば、柔軟で広角的なものもある。

大学が、すぐ使い捨てにされるような即戦力を養成しても、人材養成の任を果たしたことにはならない。いったん就職して、すぐに失格の烙印を押されて職場を去らざるをえないほうが、ずっとショックは大きい、といわざるをえない。こういう就職者を輩出する大学に、次の卒業生が就職するチャンスはやってこない。

インターンシップの利用、あるいは、強制的な活用を行うべきなのは、学生に現場を知ってもらい、どんな仕事が本人に合っているかを測る目安になるから、だけではない。大学の人材養成は、企業のたんなる肩代わりではない。日本の、ひいては世界の企業がどのような人材を必要としているのか、という見地から、卒業生一人ひとりが企業の中でその未来を担うだけの力を発揮する素地を与えることになるからだ。

その必要を掛け声によってだけでなく、学生が肌身に感じることができるのは、現場の空気を吸うことをおいて他にない。

もちろん、インターンシップで、自分の能力の「限界」を知らされる場合も、けっして少なくない。だがそれは適性の問題であると見極め、学生に現在だけでなく未来の展望を示唆できるだけの教育を、大学教師は目指すべきだろう。

第5章

大学への転職には専門研究が必要だ

1 専門研究・教育は高度化する

専門研究と教育とは？

社会人から転職した大学教師の最大の難問は、専門研究である。専門研究でペーパーを書くことだ。

新聞記者や編集者から大学教師になりたい、と希望をもつ人は多い。私が知っているだけでも、50人はくだらない。その中には、1〜2冊の著書をもっている人もいる。しかし、専門研究と呼べるものはほとんどない。端的にいえば、専門研究業績とは学術論文・著書のことだ。これは理系であろうが、文系であろうが、変わらない。

では「学術論文」(a scientific essay ; a paper) とは何か？　それが属する学会で認められる研究水準を確保している論文だ。とりわけ重要視されるのは、オリジナリティ（独創性）である。しかし、論文が独創性をもっているかどうかは、その専門分野のこれまでの蓄積を踏まえているかどうかによって決まる。学説史研究や文献研究が欠かせないのだ。

こういう前提となるべき文献研究を欠くと、たんなる独りよがりの奇異性（curiousity）とか、先行研究の成果を無視した二番、三番煎じとか、あるいは無知なるがゆえの剽窃《ひょうせつ》、盗用とかに陥る。固いことをいえば、学術論文とは、学術研究の基本ルールに適った論文である。論文や著書であればいい、というものではない。

こういう基本ルールは、学術世界の中で身につける他ない。大学院で学ぶ要件の一つは、この基本ルールを学ぶことである（だから、学術論文の一つも書けない教師にあたると、ひどい目にあう）。

大学教師になろうという人は、よほどのタレントを買われて論文なしでハンティングされた人でないかぎり、学術論文を書けなければならない。学会に入って、研究発表をし、学術雑誌に論文を発表する必要はここにあるのだ。

「専門」畑で実績を上げた人の強み

長年、社会で研究、技術、実務で専門部門に長年携わった人たちには、その人たちなりの強みがある。

専門部門で十分に成果を上げた人は、よほどの横着者でないかぎり、間違いなく大学の即戦力になる。研究、技術、実務能力が完全に彼らの身体と一体化している。それが自信となって新しい研究教育システムに即応してゆくことが可能になる。

特に、大学に実在しなかったタイプの教師として、自生教師（大学内だけで育った教師）や学生に対して大きな影響力を発揮できるに違いない。それでも、こういう人たちでさえ、一部の人を除いて、学術論文＝業績という大学の評価システムにはなじみにくいに違いない。

ビジネス世界は「結果」がいちばんである。どんなにすぐれた研究と思えても、成果（商品化）が遠い未来にしか望めない、あるいは費用がかかりすぎる、さらにはどんなにすぐれた成果と思えてもマーケットの反応が望めない、等の場合には、研究そのものが成立しない。

ただし、企業等の専門分野で成果を上げた人たちが、やり方さえきちんと摑み、時間を相応にかけたら、自分たちがたどってきた実績を踏まえた学術研究で大きな成果を上げることは可能である。

しかし、転職したのである。自分が長く携わってきた仕事＝専門の延長線上に、大学教師の仕事＝専門を構築するのもいいが、多少とも違った専門に変身することも考慮していいのだ。

たとえば、土木技師（civil engineer）だった経験を生かし、都市空間のデザインを専門にするのはそんなに難しくないだろう。あるいは、時代小説家が江戸の風俗研究＝考証家になるのも同じだろう。長期の欧州勤務を利用し、現地の大学院で実務とは無関係の学位（博士号）をとり、商社マンがヨーロッパ（ポーランド）文学専攻で大学教師に転職するなどの例もある。

いずれの場合も、大小にかかわらず、専門畑で実績を上げた力が大きな支えになることは間違いない。

「専門家」（プロ）と教師が違う点

プロフェッショナル（professional）とプロフェッサー（professor 教授）は語源が同じで、ラテン語の professio（宗門に入る誓約をすること）が由来である。もともとは修道院や僧坊の上位者（博士。なお下位者は学生）を指し、どちらも同業者組合＝仲間を母胎としており、専門に従事しているという点では共通だ。

大学の専門部（大学院を含む）は１９６０年代までは講座制が基本であった。教授、助教授、助手、学生の関係は徒弟制度さながらであった。親方（教授）、職人（助教授）、徒弟（助手・学生）関係と同じように、仕事上、「身分」上の歴然とした格差があった。「身分」とは封建（世襲）身分とは異なるが、親方の命令は絶対で、それを無視すれば、専門世界から追放・除外されることを意味した。

したがって、教授の推薦なしで大学教授になること、とりわけ社会人からぽっと大学教授になることなどは、新設でコネがあるところ以外は、不可能に近かった。大学は閉ざされた同業者（教授）を中心にした社会だったのである。

しかし、日本は、プロの世界も大学も、徒弟制度は絶滅状態にある。大学も曲がりなりにも「公募」が基本となった。大学外から、大学とは違ったコースで専門を修得した人たちを大量に迎えるシステムになっている。これは専門家（プロ）集団でも同じである。プロとプロフェッサーはよく似ている。

しかし、プロ集団（劇団や研究所など）は学校ではない。教育機能をもっているが、教育機関ではない。したがって、トレーニング要員からでさえ「授業料」をとらない。むしろ、多少とも賃金を支払う。

一方、大学教師は知的専門家だが、教えることを本義としている。若い人を教えるのは、一見して楽しいが、学ぶ気持ちがない不作法な若者を教えるのは、難しい。私語等でうるさくする学生を大声で叱り教室から退去させるのは、気分は悪いが、難しくはない。しかし、学ぶ気が少しもない学生を教えるのは、困難を極める。

学ぶ気がない学生など、学生ではない、そんな学生は排除してよろしい、といったら、私学の教師は務まらない。社会人から大学に転職した教師が最も困難に陥るのは、授業で学ぶ気のない学生を前にしたときだろう。

大学と企業との「往復」が必要

社会人から大学教師になったら、大学内に引きこもるな、といった。ところが、引きこもってしまう教師が多いのである。そうなると、彼が歩いてきた専門の道筋が細くなる。彼の教師としての価値が下がる。そう思わないだろうか？

彼に最も期待されているのは、ビジネス世界との結びつきである。就職の関係もあるが、何よりも教育内容が、ビジネス社会で通用可能な即戦力を養成することとつながるからだ。ビジネス世界と縁が切れたら、教師自身の教育基盤が弱まる。何よりも、生きた社会の息吹を学生に伝えることができなくなる。

学生はアルバイトなどをして、実社会とのつながりをもつべきである、といわれる。一理ある。アルバイトをするのは、自室にこもって、ＴＶやマンガに浸っているよりはましだろう。だが、多くは、深夜のコンビニの店員、大衆酒場の皿洗いや給仕等、昼の実社会＝働く世界の経験とは無縁の世界を垣間見るに過ぎないのである。ビジネス世界の真骨頂など、とても体験できない。

自分がそこで働き、活き活きと活躍した世界を、現在形で、自慢話ではなく、学問に結びつけて学生たちに話すことができる。これはとてもすばらしいことなのだ。

学生はそんな現実世界のことを教わらなくても、実社会に出れば、いやというほど経験する、というかもしれない。そうではない。残念ながら、自分が勤めた企業の小さな部門で懸命に働きだすと、あっという間に10年が過ぎる。その間、見聞するのは、本当に小さな世界である。大学で、ビジネス社会の概要、体験の事例を学ぶと学ばないとでは、社会に対する関心の度合いが変わってくる。同じことを体験しても、吸収するものが異なるのである。

「エッ、自分が住んでいたビジネス世界とのつきあいをもてだって？　面倒だなあ」、そう思われる人は、大学教師としての資質を疑われても仕方がないだろう。自分に何が期待されているか、に無関心だからだ。

企業で使えない人が大学教師に、なんてとんでもない！

私は、社会人から大学教師に転業してくることを、無条件に歓迎しているわけではない。当然、「お断わり！」といいたい種類の人はいる。

特に困るのは、本業でなにがしかの成果も上げずに、大学に「安住の地」を求めてくる心性の人たちである。その手の人も少なくない。自由時間がたっぷりあり、身分は安定し、いやな上司もいず、ノルマもない、いたって気ままな生活をおくることができる「別天地」に行けると考える人だ。

たしかに、大学教師には、そのような生活をしている人はいる。しかし、はじめからそうではなかった。大いなる知的抱負をもって大学の教師になったのだ。ところが、うかうかと時を過ごしてしまった。こういう無為無策というか、さしたる業績を残すことができなかった人にとって、大学はぞんがい肩身が狭いのである。ストレスが大きいのだ。

大学教師として使い物にならなかった人が、企業で活躍することが可能だと思えるだろうか？　とてもとても、だろう。同じように、企業で使い物にならなかった人が、大学でひと働きできる、と思えるだろうか？　とんでもない、だろう。

もちろん、適材適所ということはある。大学ではさしたる働きができなかったが、企業ではいい働きをする、あるいは、その逆もありうる。しかし、この場合、働くことを惜しまなかった人にだけ可能なのである。

楽して気楽に過ごせる職場を求めて大学に転業してくる人は、いる。実際にそうやってなった人もいる。だが、こういう人の研究も教育も、たかがしれている。わざわざ社会人から来てもらうほどの価値はない。むしろ、実社会では、この程度の人でも通用する、というような予断を与え、学生に悪影響を及ぼす、と思ったほうがいい。

自分の好きな研究や教育にフルタイムで打ち込む、これがじつは大学教師の最低条件なのである。企業でさしたる働きをしなくて、大学でも自由時間を研究以外で満喫する人が、どうして魅力的な教師になれると思えるだろうか？

2 教養教育がますます必要になる

「教養」は趣味ではない

教養はどのようにしたら身につくのか？　これが問題だ。

第一は、しっかりした専門を身につけることだ。専門研究と教育がない教師に、教養は身につかない。

第二は、専門以外の領域（雑学）に、常に関心を抱き、雑学の知識と技術を専門との関係で追求し、錬磨することだ。雑学とは、専門外の領域の学知のことで、非学問知のことではない。この点は誤解なきよう。

いずれにしても、しっかりした専門領域における研究と教育という土台があってのことである。専門のない教養人は、たんなる好事家《こうず》にすぎない。好事家とは、「普通の人には何の興味も無いような物事に関心を寄せる人」（『新明解国語辞典』）である。

ただし好事家が無意味だといいたいのではない。私は、好事家とは無縁だが、何であれ、偏するもの、執するものがある、ということは悪いことではない。ただし、そういう人の偏した雑学は、学問研究の場に似合わない、ということである。

教養＝雑学を身につけることは、広い知識や技術の世界に対する知見を得るだけではない。専門分野の研究と教育に大いに資するのである。

たとえば、世の政治理論を抽出し、そのエキスをくまなく学び知ったとしよう。その研究成果を論文にすることで、彼は、政治理論分野のエキスパートになる資格を得ることができるかもしれない。しかし政治の動態（ダイナミズム）を理解し、学生に向かって解説するためには、生きた政治のプロセスを媒介にしなければならない。生きた政治といっても、たとえば、昨今議論になった郵政民営化問題の類だけではない。

たとえば、プルタルコスが描いた『英雄列伝』を介して、ギリシア・ローマの政治に学ぶことができる。あるいはツワイクの『フーシェ』を読解することで、王政期、フランス革命期、ナポレオン帝政期を黒幕として生き延びた政治家を介して、政治の暗部を学び、教えることが可能になる。読書が、教養に必須事である、という理由だ。

教授採用要件に教養度を加える必要がある

ときに、実務一辺倒で、理論も、その実務を効率的に実行するためのマニュアル（モデル）

の類の意味しかもたない人がいる。小説など、時間の無駄だ。実務に関係ない。哲学など、頭を混乱させるだけで、有害無益だ。こういう印象を抱かせる人だ。

ときに、こういう実務で存分に力を発揮し、その成果に関する立派なリポートがある人が、大学教師として参入してくる。こういう人は、あるいは専門学校の教師としては最適かもしれない。しかし、大学の教師としてはどうだろう。

実務は実務である。技術だ。覚えて、活用する。それで十分だ。それでいいだろうか？ 私には疑問だ。技術の意味、それが発明され、実用化された歴史、技術がどのような社会的効用をもたらしたのかを、最低限度教える必要があるからだ。

もしそうではないというのであれば、たとえば、外国語教育にとっては、外国語を自由に操ることができるだけで、大学教師になる要件として十分なのだ、ということになる。しかし、文法上の、文学的な、民族的な特質など、その言葉に即した知見がなくては、大学教師は務まらない。研究者とも教育者ともいえない。

したがって、社会人教師の採用要件のなかには、ぜひとも、教養度いかんが加えられるべきである。

それに、実務畑や実業畑を歩いてきた人のなかには、自分のテリトリーのことについては堪能だが、意外や意外、人間関係に疎い人がかなりいる。逆だろう。自生の大学教師のほうが、常識がなく、偏狭だ、という一般的印象がある。たしかに、30年も前にはそういう化石みたいな教師がいた。しかし、今日では稀である。その確率は、一般社会とそれほど変わらない。ただし、教師のほうは、自分たちが多少非常識である、ということを自覚している。ところが、社会人のなかには、この自覚がなく、我が道が正しい、と思って疑わないタイプがいるのだから、なおのこと、教養度を測る必要を強く訴えたい。

教養教育に必要なのは、自家製テキストだ

しかし、教養の領野は、広い。どこから鍬を入れるべきか、見当もつかない。こう思われるだろう。その通りである。

私が試みているのは、教養のテキストを書くことにつきる。私が採用したのは、こういうやり方だ。たとえば、医療の高度化の過程で、にわかになった生命倫理に関することだ。「生命倫理学とは何か？」という概論を書こうとして、書けないわけではない。しかし、生命倫理で焦点となっている「脳死」をテーマにして、一冊の専門的教養書を書こうとした。一方で、「死」の定義変更をもたらす哲学的（形而上学）アプローチをする。だが、基本は医療技術の進化から生じてきた脳死問題と臓器移植を、技術的にクリアーにすることに主眼を置く。最終的には、臓器移植が人肉食につながる、人間のタブーを打ち破る営為に違いない、という人

問学的結論を導き出す。

この行き方の正否は別として、一つのテーマで教養書を書こうとしたら、相当な専門的知識や技術に堪能にならなければならない。

専門分野で、学術論文を書くことは、そんなに難しくない、というのが私の経験則である。たいして学術論文を書いていない身で、こう思える。しかし、教養書は、そこに専門知を踏まえながら、自説を展開しようとすると、多くの人を納得させる論理、事例研究、さらには読みやすいこと、等々が要求されるのだ。

これこそ、教養研究と教育の最も確かなトレーニングに思える。しかも、このテキストを学生に読ませ、その上で、より深く、鮮やかに説明することで、教養教育を成立させてゆく。

私は、教養教育を実践する前に、一冊テキストを書く。そして、実践の後、数年たってからもう一度テキストを書き直し、教養教育の仕上げをする。そうやって、毎年、3～4の分野でテキストをつくり、教育実践に励んできた。教養はまさに一日にしてならずで、20年たっても、とても満足した、という状態ではない。

教養教育は大量の非常勤講師を必要とする

どの大学でも、教養教育の削減を図っている。一つは、専門教育が教養化してきたことによる。経済学の専門理論や分析を講義しても、ちんぷんかんぷん、という状態だからだ。多くの大学（学部）で行われている専門教育なるものは、正しい呼び方では、専門の薄まった教養教育に過ぎない。

これが、専門的教養教育の水準まで上がるには、まだまだ大きな努力を必要とするが、自覚次第ではそれほど難しくはないだろう。「専門」の教師が「専門的教養」の担当を容認するか、どうかにかかっている。

教養教育の削減は、従来の教養教育がきわめて否定的な意味しかもたなかったことの結果である。たしかに、教養を専門に教える教員組織は存在した。学部でなく、学部の下部機関であった。教養部である。しかし、教養部は専門部に属さないが、専門研究のトレーニングを経てきた人たちで構成されていた。教養の研究も教育も経験のない人々の集団である。

旧教養部はなくなっていい。しかし、教養の研究と教育がなくなっていいわけはない。高校までの「教養」では、このグローバル化し、高度化した知識社会を生き抜いてゆくには、まったく不十分である。

それに「教養」の範囲は広い。それを教えることができる、専門的教養を身につけた人を探すのは簡単ではない。次善の策は、部分的にしろ専門的教養を身につけた人を、非常勤講師として招く、という行き方だ。

ただし、この教養を教える非常勤のグループを採用し、効果的に動かし、所期の目的を達成するには、かなりのエネルギーが必要だ。

教養修得には金がかかる

というのも、専門の修得＝研究教育よりも、教養の修得には、時間も費用もかかるからだ。一般には、およそ逆ではないか、と思われている。

しかし、一つの穴を深く掘り続けることは、困難なことだが、持続すれば、徐々にではあれ、穴を穿つことは可能だ。比喩的にいえば、「点」を進めて、「線」を描けばいいのだ。

これに対して、教養は、「点」を「面」へと広げて行きつつ、「点」を各自可能なかぎり穿っていって、「積」を形成しなければならない。時間がかかる。しかも、系統的ではない。ヒット・アンド・アウェイ（hit and away　ボクシングの戦法の一つで、打ったらすばやく足を使って後退することを繰り返す）であり、モザイクである。

私の書庫には大した本はない。専門の本は五分の一程度だろう。あとは、雑多な本、いわゆる私にとって専門外の本である。このいわゆる雑本の読書なしに、私の教養本（教養教育のテキストも含まれる）は生まれようがなかった。

教養の研究教育能力のトレーニングは、自分でする他ない。トレーニングジム（機関）は存在しないからだ。したがって、その代償を別にすれば、何を専門にするかを除けば、事情は私と同じような経緯をたどらざるをえないのではないだろうか？

したがって、企業に勤めているときも、つとめて教養を高めるような読書習慣をもたなければならない。そんな暇は見いだしがたい。ビジネスは過酷である。こういう言い草は、どんなに本当そうに見えても、遁辞《とんじ》である。

忙しいから、その忙しさに適応するためにも、読書の必要がある。読書の欲望がわいてくるのだ。そうでなければ、端から、大学の教師に転じることなどよしなさい。こう再び、断じたい。

朝１時間早く起きて、それを読書にあてる。通勤時間はもちろん読書だ。これだけでも、一年間で読む本の冊数は大幅に増えるだろう。請け合っていい。本代をケチる人に、だから、大学教師なんて向かないよ、と忠告したいわけだ。

第Ⅱ部

第二の人生は大学教授に

第6章

社会人から大学教師を目指すための準備

1 土日、大学院に通ってみる

知的トレーニングを研究生活に結びつける

大学教師になりたい、という思いはあった。しかし、大学院に進まず、ひとまずは就職した。それでも、20代から、密やかにではあるが、いつか所期の目的を実現するチャンスが訪れるかもしれないという思いで、知的トレーニングだけは欠かさないできた。こういう人がいる。

しかし、知的トレーニングを積んだからといって、大学教師になるチャンスが訪れるわけではない。大学教師に必要なのは、研究生活であるからだ。知的トレーニングと研究生活とは、同じではない。繰り返し強調しているように、研究生活の目的は、学術論文を書くことにある。

とはいえ、知的トレーニングは、研究生活につながっている。知的トレーニングのない研究生活は、そもそも存在しないからである。

ぜひ、知的トレーニングを研究生活に結びつける努力を続けることを勧めたい。学術研究で成果を上げるという目的を掲げてである。それが、大学教師になる希望を、たんなる希望に終わらせないための一里塚である。

それに、密やかで個人的な希望であれ、大学教師になろうという努力は、少しずつの積み重ねを続けることで、知的空間をうんと広げる。人間にとって、知的トレーニングそれ自体が、知的空間の拡大そのものが、喜びの源泉になる。この喜びは、他に替えがたい、しかも、人間にだけ具わった快楽である。

私は『大学教授になる方法』（１９９１年）で、10年間研究生活を続ければ、たとえ偏差値50の人でも、大学教授になることができる、といった。この10年間は、片手間の研究生活ではない。フルタイムの研究生活である。職をもっての研究生活ならば、10年が20年になるかもしれない。しかし、学術研究で一定の成果を上げるためには、相応の研究期間を必要とするのである。

この期間は、一様に辛い。いつゴール（＝大学教師になること）に到達することができるか、はっきりしていないからだ。それでも、この知的準備期間は、どんなに辛く、ハードでも、耐えるだけの価値があるように思える。

毎日欠かさず研究生活をする

知的トレーニングの励行、これが大学教師になる基本である、と何度も強調した。10年間、倦まず弛まず研究に専念すれば、偏差値50程度でも、大学教授になれるというと、「何だ、だれでもなれるほど簡単なのか？」、こう思うかもしれない。

しかし、10年間、間断なしに研究に従事する、というのは少しも簡単ではない。人間に何が難しいって、義務や強制がなくとも、自由意思で、同じことを続けてゆくことではないだろうか？　同じことをコツコツと持続してゆくことができるのは、もうそれだけで立派な才能である。

しかも、この研究は、立派な仕事だが、無報酬である。無報酬だけではなく、多大な出費を必要とする。専業に就き、サラリーをもらい、そうおうにレジャーを楽しみながら、片手間に10年間研究をしていて、大した業績を出せると思うだろうか？

それに、ただ闇雲に（行き当たりばったりに　at random）、努力をしたってムダというものだ。一定のやり方がある。

つまり、自由な研究だが、自分で自分に一定のルールを課して、固い決意で進まなくてはならないのだ。しかも、目的である大学教師になるまでは「何ものでもない」、社会的認知を得ていない「浪人」同然なのだ。フリーランスといえば聞こえはいいが、自分の研究成果で収入を得ることができないわけだ。

ましてや、専門的な仕事に就いているとはいえ、まさに片手間（side work）に研究を続けてゆこうなどというのは、簡単ではない。

最も簡単でないのが、毎日欠かさずに、多少にかかわらず研究生活を持続する習慣を身につけることだ。それには、だれも訪ねてこない、邪魔される必要のない早朝か深夜に「定期時間」をとってやるしかない。早朝がベターである。

一日の出発に事（something）をすますと、欠けることのない研究「生活」が保証される。私の受験生以来のマナーである。ゲーテふうに気取っていえば「早朝の勉強、昼の労働、夜の快楽」だろう。

大学院で研究生活をするメリット

社会人から大学教師になろうとする人にまず勧めるのが、大学院への入学、再入学である。専門を学ぶ、論文指導を受ける、大学の内情を知る、大学の図書館を利用できる、等々の利点があるが、何よりも、大学院も学校であり、勉強することを強制する場所であるからだ。

講義がある。ゼミがある。原書講読がある。最低限度の試験がある。レポートを提出しなければならない。最も重要なのが、修士論文の課題決定、中間報告、執筆、提出、面接審査がある。本当に2年間ではあまりに短すぎる。修士論文が通ると、博士課程に進む……というように、締め切り、締め切りに追われる。全部が、研究の成果（修士論文・博士論文）をあげるために費やされるのだ。

修士課程を終え、修士論文で高い評点を得て、ドクター（大学院後期）課程に進んで、研究者の最初の認知を得るためには、どんなに自己管理が行き届かない人でも、毎日毎日をいい加減な対応ですまされない。

ましてや、働きながら大学院に通う身になれば、一刻でもいい加減に送るのが惜しい、という気分にさせられるに違いない。

ただし、私は、特別な緊張を要する、まったく余裕のない知的トレーニングを要求しているのではない。そういうやり方は、短期決戦には有効かもしれないが、長期戦には、有害無益である。

自分で時間を有効に管理できない人は、強制されてでもいいから、研究生活を持続させるマナー＝習慣を身につけるべきだ、というのだ。

忙しい人ほど、遊ぶ時間を見つけるのがうまい。研究時間も同じである。そして、研究時間を見つけることのうまい人は、遊ぶこともうまい。あきれるほどに楽しい時間を送っている。

仕事にしろ、研究にしろ、遊びにしろ、一方的にガチガチになってやるところには、華は咲かない。そう思っていい。

知的再トレーニングはハードのほうがいい

大学院に進んだ。専門研究に魅力を感じた。それなりの努力をした。しかし、いろいろな事情が重なり、研究者になることは断念して、一般企業に就職した。だが、専門研究を断念したことに対するわだかまりが、時がたつにしたがって強くなる。

まだ自分の中に、研究者になりたい、大学教師に挑戦したいという気持ちが埋《うず》み火のようにある。この気持ちが本物かどうか、ともかくも試したい。こういう人には、大学院へ再入学することを勧めたい。

知的トレーニングの過程で、研究者になるという目的を放棄せざるをえなかった。しかし、その放棄は必然だったのだろうか？　自分の研究の熱意や能力に問題を感じていたのではなかったのか？　やり方にどこか甘さがあったのではないのか？

こう思える人は、最大限ハードなトレーニングを自分に課したらいい。前回の二の舞を踏まないためもある。最も大きな理由は、一度通ったトレーニングは、二度目には、よほど容易に感じられるからだ。二度目は、いっそうハードでちょうどいいのである。

私は、社会人から大学教師になろうとする人のすべてが、再度、再々度の知的トレーニングを積むことを課したい気持ちが強い。特に大学院の博士号（課程博士）くらいはもって、大学に臨んで欲しい。そう思っている。

なぜそんなにハードルを高くするの？　現役の教師だって、博士号などもっているのは少ないじゃないか？（現に、私はもっていない）。それを新任の、それも社会人出身者に要求するなんて、酷じゃないのか？

酷だと思う。しかし、定職をもたず、10年以上にわたって無給で研究生活を続けたのが、大方の大学教師なのである。彼らと五分に渡り合うためには、相応の時間と労力と費用を費やしてしかるべきではないだろうか？

正業の専門性をちょっとばかり衣替えさせ、学術論文に仕立て、それで大学教師になれる。これじゃあ、安易すぎないか？　それでは、社会人出身の大学教師が、早晩、無用化する原因にならないか？

私には、社会人出身の大学教師が増加することを歓迎しつつ、その安易な増加が、結局は無用な大学教師を生みだすことになることを危惧する。現実は、すでにそのような事例を各所で生みだしている。

大学院の特典は、施設とスタッフの「無限」利用にある

いま述べたように、大学院に入学する最大の意味は、研究する習慣を強制されるということだ。同時に、大学院には、研究する上で、はかりしれない特典がある。大学施設とスタッフの利用である。その個々の利用をもし有料にしたなら、おそらく授業料の額を上回るに違いない。

①共同使用という形だが、研究室があてがわれる。

②図書館利用が、大学教師並みに緩和される。文献類の利用ばかりでなく、館内の個室使用も可能だ。全国各地の図書館を結ぶネットサービスを受けることができ、必要な文献を集めることが常時可能になる。

③コンピュータをはじめとした情報システムの利用が、無尽蔵とはいえないが、可能になる。論文作成のために、ＰＣの特別貸し出しも受けることができる。

④教授等の研究スタッフだけでなく、職員をはじめとしたスタッフのサービスを受けることができる。最も大きいのは、情報の入手だろう。教師、研究員、非常勤、奨学金、論文募集、学会案内等、実に多岐にわたる。

ところが、ほとんど大学を利用しない、これがよく見られる大学院生のマナーだ。授業に出るだけ。研究発表も形だけである。社会人大学院生は、正業をもっている関係もあって、教師とのつきあいも疎略になりがちだ。

しかし、これでは大学院に入った価値が半減する。大学は、休日でも利用可能である。もっとも図書館は閉まっている。しかし、必要な文献をそろえておけば、だれに邪魔されるという心配もなく、心おきなく、研究に励むことができる。これこそ大学院に入った醍醐味ではないだろうか？　私にはそう思える。

修士論文や博士論文を課せられる意味

大学院は学ぶところである。しかし、その目的は研究の成果（業績 work）をあげるところである。研究の成果を示すものが、修士論文であり、博士論文である。

修士論文を2年間で書くのはなかなか難しい、といった。普通は、学部2年間の勉強（卒業論文）を踏まえて、修士論文は書かれるから、4年がかりなのだ。

ところが社会人大学院生の多くは、卒業論文を書いていない。書いたとしても、ずいぶん時がたっている。それを踏まえて、修士論文を書くというのは、稀の稀である。

まったく新しくスタートして、2年間で関連文献を収集し、読解し、テーマを決め、構想を練り、実際に１００枚前後の論文を書き上げる。これは本当にハードな仕事である。書くだけでもハードである。それに、修士論文は、厳密な審査がある。

修士論文は、普通、学者の仲間入りの「最初」の鑑札（初級ライセンス）のようなものである。この論文が一定の水準にあり、将来研究者になる芽があると認められた者が、博士課程に進むことを許可される。普通の大学では、おおよそこのようだ。

したがって、修士論文はパスしたが、博士課程への進学を拒否された場合には、あなたは研究者としては「失格」ですよ、という烙印を押されたことになる。

もちろん、これは「形式」であって、大学院によっては、定員を確保するために、目をつぶって、博士課程入学を認めるところがある。最近は増えている。だから、博士課程に進むことが、即、学者の卵として認められた、ということはできない。問題は「内容」（質）にあることはいうまでもない。

ただし、日本でも、欧米でも、博士論文をパスすること、博士号をもつことが、研究者のライセンスを得たことを意味する。博士論文をもつことが、業績の最初に掲げられるのには、大きな理由があるのだ。

大学院に入った以上、ぜひ博士号を修得することを目指されたい。大学教師になる「資格」を獲得したことになる。そう思われてかまわない。

2 書斎と書庫に投資する

食うのがやっとの時代、別棟の書庫をもってしまった

大学教師になるということは、常勤非常勤を問わず、研究者になることを意味する。スタディ（study）とは、研究でもあるが、研究室でもある。個人研究室だから書庫が併設された書斎である。

研究者が研究室をもたない。これは陸に上がったカッパも同然である。しかし驚くなかれ、自宅に研究室＝書斎をもたないで、研究者を名乗っている人がいる。悪いわけではない。それに大学に研究室がある。それで十分だ。確かに、私の思想上の先生だったM教授は、書斎をもっていなかった。蔵書もほとんどもっていなかった。それでも研究成果を残した。こういう豪傑はいることはいるが、常人ではなく、しかも稀である。よほど優れた人か、大方は勘違いのたぐいだ。

20代は仕方がないが、30代になれば、家族から＝生活圏から切り離された研究室をもちた

い。そこを存分に働く場としたい。

私は30代の半ば、食うのがやっと、３人の子どもを抱えてやりくり算段しているとき、別棟で書庫兼書斎をもった。建築デザイナーの妹が図面を引き、同僚のS先生の口利きで、隣町の大工が特別料金で建ててくれた。この「英断」(?)を許してくれた妻に、いまでも感謝している。

このときを限りに、アルバイトで忙しい、そんなに急ぐ仕事ではない、という目の前の仕事を回避しようとする遁辞《とんじ》はいっさい効かなくなった。最低、毎年一冊著書を書くことを自らに課した。それに元来がケチだから、印税を稼いで元をとりたいというビジネス根性もあった。

何年かごとに、30代の貧乏な研究生活を送った、三重県伊賀の昔の住居を訪れる機会がある。その都度、自分が「奮闘」した２階建ての小さな書斎を眺めると、涙が出そうになる。

書斎に投資する。それが研究者のマナーである。もちろん、大げさなものである必要はない。私の懐かしき書斎は、建坪３坪の２階建ての狭さで、１階は作りつけの棚が並ぶ書庫専用、２階は天井が低かったが、寝場所まである、きわめつきの優れものであった。

パソコンの時代だ、仕事部屋がなくて仕事ができるか

研究室といった。しかしパソコンの時代である。書くのはほとんどＰＣ上になった。大学のシステムはすべてコンピュータ管理になり、ＰＣを使えなければ使いものにならない、という

ことになっている（札幌大学だけじゃないだろう？）。PCは情報収集能力、蓄積能力では、かつての図書館1個分の働きも可能という時代になった。

つまり、PCの置く場所があれば、そこがデスクであり、立派なスタディになる、というわけだ。

実際この原稿は、基本は自宅のデスクトップ型のPCを前にして書かれる。午前中はそうだった。現在は、札幌市内のホテルの小さなデスクの上である。今夜、友人の出版記念会があり、山を下りてきた。会が始まるまでのわずかな時間を利用して、これを書いている。

PC1台あれば、どこでも仕事ができる。最近のノート型は、バッテリーが改良されて、10時間の連続使用に耐えることができるものもある（このノート型も、一昨日手に入れた優れもので、書くのがうれしくてたまらない、嬉々とした思いで書いている）。コンピュータ時代になって、ますます仮の「仕事場」としてのホテルの役割が高まるのではないだろうか？

しかし、どんなに狭くても、自宅に外界から「隔離」された書斎がほしい。そこは情報が入ってきて出て行く自分だけのステーションである。

子どもに勉強部屋＝個室があるのに、働いている親に仕事部屋＝個室がない、というのはいかにも本末転倒している。もちろん、仕事場＝書斎＝研究室は、仕事をするところである。仕事もせずに個室をもつのは、勉強もしないのに個室にこもる子ども同様に、決していいことはないだろう。

子どもがいなくなった。物置にしておいていいの？

社会人にとって、特に50代に入った者にとって、研究条件が、段違いによくなる。子どもが家から離れてゆくからだ。えっ、相変わらず、同居で、存分にパラサイトされているって！　すぐにやめなさい。追い出しなさい。いい年をして、子離れできない、親離れできない者に、まともな人生設計はできない。そう思ったほうがいい。

子どもが占拠していた空間が、全部あなたのものになる。すぐに、リフォームしなさい。もちろん自分でだ。重要なのは、書棚である。自分の研究に必要な文献をすぐ集める。ＰＣ、プリンター、コピー機、最低限それだけあればいい。

読みたいと思った本、読むべきだと思える本をどんどん買いあさる。現在、古本のネット通販で、格安で買うことができる。私なんぞ、ケチなものだから、目指す本を見つけても、その本を含む全集をそろえて買ってしまう。価格差はそれほどでないからだ。古本の価格は暴落している。いまが買い時だ。そう思える。したがって、満杯の書庫がいつも悲鳴を上げる、ということになる。

もっとも偉そうなことはいえない。私の家も、子どもが家を出てから10年以上になるが、長男の部屋は、ほとんどそのまま、長女の部屋は、私たちの寝室、次女の部屋は、物置同然になっている。長男は中学時代から家にほとんどいないから、全部撤去していいのだが、妻のほうはそうはいかないらしい。

まあ、いよいよとなれば、1階の来客用の和室をつぶして、書庫専用にしてもらうことを考えているが、子どもが孫を連れてくるようになって、それも無理かもしれない。大学にある本はどうしよう。そう思うと夜も眠れなくなる（なんていうのはウソ）。ばーんと書庫専用の別棟を建ててもらおう。そう思っている。

贅沢だろうか？ そんなことはない。私の先輩夫婦は、子どもが独立したあと、上はダンナが、下は奥さんが、自分用の書斎に改造して、60歳以降の知的生活を満喫している。二人とも、大学で非常勤講師をしたり、カルチャーセンターの講師をして、なかなか見栄えのする70代を迎えた。

高速時代は、知的武器が身近になければ勝負にならない

なぜ書斎や書庫が必要か？ 1960年代まで、洋書は注文しても、手に入るまで1年以上かかることも稀ではなかった。必読文献がそろうのを待っていては、論文の締め切りに間に合わないのが、ふつうであった。それにコピー機がまだまだ普及していなかったため、目指す本

がどこそこの大学、誰々の研究者の手元にあると判明しても、借り出してコピーするのは、ずいぶん面倒だった。文献を探し、手に入れるまで、誰もが苦労を重ねたものだ。

しかし、コンピュータ・ネット社会である。必要な本はすぐに検索して、すでに市場にはなかったとしても、所有している図書館がすぐに判明し、コピーサービスをたちどころに得ることができる。

だから、問題は、文献が手に入るかどうかではない。それが、常に自分の手元にあって、すぐに利用可能な状態になっているかどうか、である。図書館の本にまさか、線を引くことはできないだろう。いったん返却したら、再利用に不便だ。

友人が、大量の本を売却した。といっても、その総額は2〜3回、旅行をしたら飛んでしまうほどの額である。それでも、すっきりした書棚を眺めて、精神衛生にいい、などとほざいていた。

ところがすぐに、あの本もこの本も必要になった。みんな古本屋の書庫に入っている。それでやむなく、かなりの本を新たに買わなければならない羽目に陥っている、とぼやいていた。

その通りで、本は一度読んだ、使った本ほど貴重なのである。そこには自分の知的血涙が塗り込められている、と思うべきだろう。だから、私は、『西田幾多郎全集』を唯一の例外として、本を売却したことがない。いばっていうのではない。どうも精神的貧乏性なのだ。二度と手にしないであろう、かなりの数のプロレスの本なども、売れないでいる。そのうち、「プロレス珍伝」という本を書いては、という注文が来たときのために、などと考えてしまう。

本は、どんなにネット社会、デジタル社会になっても、知的武器の最大要素であることは、今後も変わらないだろう。ただし、個人が蔵書しなければならない常備文献は、ずっと少なくなっていることは確かだ。

「蔵書」と「愛書」の気分は格別だ

本は知的情報源の一つで、知識の宝庫には違いないが、知的活動の道具である。

こういう人がいる。

「本にも色々ある。重要なのは、本に書いてあることではない。実践できてはじめて価値がある。そういう書物は本当に少ない。本に頼ると、頭でっかちになるだけだ」

昨日も、ある高校の校長に、滔々《とうとう》とまくしたてられた。その通りである。しかし、ある程度本を読んでいる人にいわれたいものだ。

本は「道具」だ。しかし、料理人にとって、包丁は、肉を切り、魚を引く道具に過ぎないか？　知的研究者にとって、書籍は、料理人にとっての包丁以上のものである。もの書きには、万年筆が筆記道具以上の意味をもつ。しかし、万年筆がなくても、原稿は書ける。ところが、本（文献）がなければ、著書も論文も書けない。しかも、その本は、文献（literature）以上のものである。「文学作品」（literature）である。たんなるマテリー（モノ）ではないのだ。

愛書という。しかし、私にとって、どんな本も愛書である。粗末にできない。もったいないという意味ではない。何かを考えたり、書こうと思うとき、書庫の書棚に並ぶ本の背を見て回る。関連する本を抜き出し、その冊数で、自分の知的蓄積をはかり、書けるかどうかを勘案する。

内容を的確には覚えていなくても、自分の知的蓄積の程がわかる。本を愛蔵してきてよかった、とこのときほど悦ばしきことはない。

しかし、本そのものが、その装丁や厚さ、紙質、つまりはマテリーをも含めて、愛しさの対象になる。精神的豊かさを存分に味わう糧になる。私には書物に淫するという癖はない。しかし、自分が読んだ本、買った本を愛おしむ癖がある。そういうこともあって、どうしても処分できないのだ。

こういう、書物に対する複雑感情はなかなかいい。棄てがたいというより、棄てることができない。格別貴重な気分である。

3　書く・論じる・発表することの快楽

ああ、人間、言葉で自己表現する動物

大学教師とは、なろうとする試みそれ自体が素敵なのだ。それは結局、人間の本性から来る。大げさな、と思わないで欲しい。

人間とは何か？　人間が他の生物と違った、人間だけに具わった「本質」とは何か？　いわば、人間のアイデンティティ（ＩＤ）である。

他でもない、人間が言葉をもち、それを操る能力をもつことである。人間の最も人間らしい能力＝機能とは、言葉を使うことである。自分の能力を高度に発揮するとは、言葉によって最高の自己表現をすることである、といっていい。

人間は言葉をもち、それを使う存在だけではなく、その言葉を自在に用いることができることで、無上の快感、幸福感を味わう、という存在なのだ。まさに大学教師の仕事とは、言葉によって自己表現を最大化する存在である。もちろん、こういう仕事は、大学教師にかぎらない。

しかし、大学教師に特化している、といってもいいだろう。

その大学教師が、言葉を読み、言葉を語り、言葉を書く能力を磨かないということは、自分の仕事に具わった最大快楽を放棄することに等しいのである。俳優が稽古に稽古を重ね、舞台に登り、演じるということをしないことと同じである。

長期休暇があるから、大学教師が好ましい仕事なのではない。休暇は、なべて人間の最も人間的な活動に捧げる自由があるから、好ましいのである。

書く苦しみ、書く楽しみ

暗い書斎にこもって、机にへばりつき、本に目をこらし、腰も伸びないほど椅子に尻を沈ませ、パソコンをぱたぱたと打っているなどは、不健康きわまりないと思われるだろう。たしかに、その行為だけ取り出せば、一種の拷問であり、苦痛に違いない。

特に書く段階になると、ことは簡単ではない。文献を集める。本を読む。長時間の集中力が要求される。さらに書くときの骨折り、集中力の持続は、前二者に比べて、問題なくハードだ。比べようもない困難さをともなう。

第一に、時間を食う。読むのと書くのとでは、１対10以上の差がある。

第二に、読書・読解といえども、能動的活動だ。しかし、本を読み解く、というのは、まず、本がある。本しだいなのだ。一方、書くのは、書く前には、なにものもない。書いてはじめてなにものかができる。まさに創作なのである。

第三に、煉瓦を一つ一つ積むように進まなければならない。全体も部分も、構成も展開も、自分の手で、言葉で、一字一字、連ねなければならない。

第四に、読み手にわかる（リーダブル）ものでなくてはならない。自分本位だけでは、書いた意味が伝わらない。

第五に、書いたものは、活字に固定して、訂正不能となり、評価の前に曝される。

等々、書く苦しみ、書いた後の苦しみが常につきまとう。

しかし、である。それらすべてを含めても、書いている楽しみ、活字になったときの喜び、評価されたときの悦楽、これがすばらしいのだ。書かれたものは、紙の上の文字に過ぎないが、「文は人なり」である。私流にいえば、書いたもの（work）は、業績（work）であり、その人の本質活動である。魂のありどころの証左である。

書いているときも、書いた後も、活字になったときも、精神が異常に興奮する。魂が活性化する。だれの口にも上らず忘れ去られ、自分の書棚にしかその存在を留めなくなった後でも、自分の書いたものは、自分の魂とつながっている。自分の最も内部の貴重なものとつながっている。

残念というか、当然というか、思想が変わり、かつて書いたものを否定した後でも、自分の書いたものは、現在でも、強く自分とつながっている、と思わざるをえない。

これが、自分の書いたものなのだ。自分の「人」（人格）と直でつながっているのだ。

書くという快楽と結びつく教師稼業

大学教師になろうとすることは、なることは、こういう無上の快楽を得ることにつながっているのだ。

私の周囲にいる大学教師は、一冊著書をもったら、書かなくなる。書けないわけではないだろうが、それで満足なのか、面倒なことはもういいというのか、書いて、活字にして、著書にし、広く伝えるという努力をやめてしまう人がほとんどだ。

非常にもったいないことをしているな、と思える。大学教師は、いくら書いても、論じても、発表しても、自由である。もちろん発表場所が限定されるから、無尽蔵というわけではないが、書けば、ある程度水準が保たれていれば、発表場所を見いだすのは、困難ではない。

著書にこだわらなければ、講義用に書いたもの、講義で論じたもの、つまり発表したものは、膨大な量にのぼる。たとえば、90分の授業なら、私の場合、ほぼ原稿用紙１００枚分程度を話す。多少の繰り返しがあるから、３割減で、70枚とする。

一年間26回講義をすれば、70×26＝１８２０枚。それが2コマだから、３６４０枚である。それに、特別講義で、6回講義した。４２０枚だ。全部で、４０６０枚に上り、月産３８３枚見当になる。どうです、活字に換算すれば、毎日、原稿用紙10枚以上のことを、授業で話さなければならないのである。

このほかに、論文を書く。かなりハードな内容の著書を5～10冊出す。私のこの15年間のおおよその実績である。多ければいい、などとは思っていない。しかし、一個人とすれば、つきない仕事に向かっているという「快感」はある。

大学教師になろうとして、大学教師になってからも、書こうという私の気持ちに限りがないのは、書くという人間本来の快楽原則による、としか表現しようがない。

定年前から、この快楽原則に目覚めて、書く努力をはじめてはいかがだろうか？

書けば業績になるなんて、ランクが上がるなんて

しかも、企業の社員は、書いたからといって、特別なことはない。それがすばらしいもの、独創的な発明につながるものだったら別として、文献を読み、過去の評価を踏まえて、論文を発表する、というような地味な知的努力に対して、格別な評価はやってこないだろう。

一方、大学教師のほうは、なる前も、なってからも、学術論文を書くと、評価がつくのであ

る。学術著書を書くと、注目されるのである。

書くことは、非常勤講師や常勤のポストを得る、有力な材料になる。大学教師の場合は、昇格の、したがって、昇給の材料になる。

たしかに、書いたからといって、多くの場合、原稿料が入るわけではない。ときには、学術書は売れないから、出版に際しては、経費を支払わなければならない場合さえある。しかし、だれもがなにがしかの働き（work）をして、はじめて評価や報酬を得るのだ。教師は、人間の魂の活性化につながる仕事をすることで、ポストやワーク（業績）やペイを得ることが可能なのだ。

じゃあ、書くことに特典が付くから書くのか？　そんなことではないだろう。書く動機はなんでもいい。これが私の考えだ。動機にかかわらず書く、書き続けると、書くという快楽原則がわかるようになる。他のことは副産物だと思ったらいい。

書くという快楽原則に忠実に生きる、というのはおよそ物書きの本筋ではないだろうか？

大学教授になる前に、著書をもとう

定年前の知的活動で最も勧めたいのは、著書をもつことだ。社会人から大学教師を目指す人であれば、だれもがうなずくだろう。

ただし、書物一般ではなく、研究書なのではあるが。

研究書を書くためには、研究＝探究が必要だ。研究の大前提は、研究課題に関連する先人の文献＝業績を集め、読解し、それら先行研究の上に立って、自分のオリジナリティを加え、それを論拠づけることである。これは、すでに述べたようにやっかいで、手間ひまのかかる作業だ。しかし、やってみると、予想されたほど難しくない。

書くことは、さらにやさしくない。書くというのは、まさに「本番」だからだ。とりわけ、一冊すべてを書き下ろすということは、やさしくない。しかも、一冊の著書を書く程度の業績がなくては、教師としての能力がはかりにくいのだ。研究活動に適合しているかどうかを推し量るのは無理なのである。

あなたが、定年前後に、すでに立派な研究書をもっているなら、その分野の人々が、あなたをほっとかないだろう。少なくとも、あなたに注目するだろう。もちろん、大学教師の公募に対する、有力な自己アッピールの材料になる。

定年前後に著書をもつことの効用は、繰り返しになるが、人間の本性にかかわる、書く快楽原則を発見する契機になることだ。定年後、教師になるかどうかは別として、書くという、つきない快楽原則をもって生きることが、長い人生を有意味に、悦ばしく送ることを可能にする重要な手だてになる。こう思えるのだ。

4　凝縮した時間を求める

未知への冒険を求めて

知的活動でいちばんつきないものといえば、「未知なもの」に対する関心である。おさらい、反復ではなく、遭遇したことのないものに対する知的関心だ。多くは、ヒリヒリするような、刺激の強いものである。

知らないことに対する関心、これは、知的関心の基本である。知りたいということ、知の渇望は、知らないことを満たしたい、知の不足、不満、枯渇を癒したいという欲求である。自分の知の現状に満足しない精神状態である。不足の感情のないところに、渇望は生まれない。

自分が長い間携わってきた仕事とは、分野も、知的ベースも違う分野に向かって、知の船を漕ぎ出す。大学教師になろうとすることは、知の充足という点でいえば、もうそれ自体で知的刺激に満ちた営みである。

学術書など読んだことがない。本格的に点検精査したことがない。ましてや、学術論文などは、書こうなどと思ったことがないばかりか、書けるなどと想像すらしたことがない。そういう領域や活動に向かうのは、まさに未知の冒険でなくて、何だろう。

大学教師になる試みは、一種の人間改造に近い。第一に、生活の革命である。在宅の研究が基本になるからだ。ほとんどは、孤軍奮闘の類である。

第二は、価値観の革命だ。価値は、時間で、費用ではかることはできなくなる。一にも二にも、成果である。質ばかりでなく、量も問われる。

第三は、先人の業績（work）との密接なつきあいがはじまる。従来なら、過去の遺物とみなしてきたものが、貴重な未知への遭遇物となる。過去＝歴史が、まったく違った活き活きとした姿で現れてくる。

第四は、この知的冒険に、もはや定年はない。命つきたときが、というと大げさだが、そこが明確な限界点である。

異次空間との遭遇を求めて

大学教師になろうとすること、なることは、異次元の空間との遭遇である。まずこういおう。

なるほど大学も一つの社会である。それに、大学は、普通考えられているほど、奇妙な人間たちの奇妙な社会ではない。もちろん象牙の塔では、もはやない。よくよく比較してみれば、企業のほうが、大学より閉鎖的で、常識が通用しない部分があることがわかることさえある。

企業人と酒を飲むと、ほとんどは自分の会社に対する不満を口にする。「ならば、やめたら」というと、存分に愛社精神があるのだ。この点は、大学だって同じだが、もう少しフラットなのだ。自分の生き方を大学とぴったり一致させなくてもいい。大学がフラットなのは、企業から転職してきた人たちが、のびのびと活動している場面に出会うことでも知ることができる。

大学が異次空間なのは、一にも二にも、学生がいるからだ。

学生は、教師から見ると、一見して、価値観も、マナーも、話す言葉も異なる「異物」に思える。学生から教師を見ると、まさに「遺物」だろう。

いや、人間はみな同じだ。年齢が違っても、価値観が違っているように見えても、同じ一人の人間として扱うべきだ。こういう人がいる。

しかし、自分の学生時代を顧みると、教師と学生には溝がある。深い溝があったほうがいい。そう思えるのだ。どういう意味か？

学生には、知的渇望が、まだない。自分の知的能力に不足を感じているが、それを満たそうという意欲はまだ生まれていない。大学教師の教育と研究の目的は、この異次空間の学生に、知的渇望を与えることができるかどうかである。それが無理だとしても、知的渇望を満たすことを求めている人間が、現に・ここにいることを知らしめることである。

学生との遭遇が、知的渇望をめぐって進むことを、教師は諦めてはならない。

先達や友人を求めて

学問世界を、「公共性」の概念で語った思想家がいる。マルクス主義系のフランクフルト学派のハバーマスである。しかし、学問世界は、それがどんなに社会から隔絶していても、社会に開かれたものだ。民族、時代、地域に関係なく社会に通用する内容のものでなければならない。内容という意味で普遍＝公開＝公共性を帯びたものである。

学問世界には、したがって、同学の徒や先輩がいる。孔子の「朋遠方より来たるあり」というのが、学問の朋、学友のことである。

学問の世界は、直接の教師・学生関係より、間接に論文や著書を通して結びついた仲間のほうが、深い関係を築くことができる、と私は考える。この点、芸術系や技術系の師弟関係とは、かなり違う。

私の場合、最初の著書『ヘーゲル「法哲学」研究序論』(新泉社　1975年)を出したとき、高橋洋児さんが書評をしてくれた。私の名前から推して、かなりの年配を予想したらしい。高橋さんを介して、廣松渉先生のグループとの縁ができた。しかし、決定的なのは、本による出会いで、谷沢永一『読書人の立場』（桜風社　１９７７年）である。高橋さんも谷沢先生も、本を介した関係だが、どちらも未知な関係であった。

私が親しくつきあっている学問仲間で、例外的に学生時代からつきあっているのが、同じ哲学専攻の田畑稔君、笹田利光君だ。それ以外は、すべて、本や論文を介して、であった。

大学教師になるということは、まったく新しい友人、先達とつきあうことを意味する。それも、学問を介したつきあいが望ましい。そのためには、相手を惹きつける業績が必要になる。

ただし、先達は、死んだ人でもいい。というか、亡くなった人のほうがよりよく学ぶことができる。先達の書物や仕事と直面で対峙する。これほどの豊かな人間関係もないのではあるまいか？　そう思える。

「現在」をブレークスルーしたい

大学教師に転じるということは、未知や異次元との遭遇だけではない。現にあなたが生きてきた時間と空間、あなたの正業がもっていた次元と異なるところへあなたを連れて行くことを意味する。

つまりは、ブレイクスルー（breakthrough）である。「突破」であり、行き詰まりの「打開」である。「打通」という司馬遼太郎が好んで用いる的確な訳語（？）もある。

大学教師になろうというのは、人生の打通である。ある、というか、あるべきだ、といったほうがいいだろう。しかし、やむにやまれぬ一か八かの賭けではなく、沈着な準備を重ねた上での、打通であるべきだ。

その上で、不運にも、大学教師になれなくても、定年以降の生き方が、幅も奥行きも深く、活き活きとした輝きをもつものになりうる。人生の打通を招来する。そう確言できる。

最終目的は、大学教師になることではない。大学教師になって知的人生の革命者になることだ。ハードだが、刺激があり、充実の人生選択だと思わないだろうか?

5　知的活動はいつでも・どこでも・いくらでもできる

無趣味の趣味――ゴルフも釣りもしないで、楽しく生きる方法

知的トレーニングをしているといないとでは、人生の楽しみがうんと違う。もし、何かの偶然で、ほとんど知的トレーニングを積んでいないのに、大学教師になったとしよう。そして、なった後も、ほとんど知的トレーニングなしに大学生活を送ったとしよう。

はたして、知的生活と無縁な大学教師の仕事は、その人に喜びを与えるであろうか？　とても、そうとは思えない。自分の仕事に喜びを見いだすことができない人が、どうして人生の醍醐味を味わうことができようか？

否、正確にいおう。自分の仕事に熱中できない人が、どうして仕事の中に喜びを見いだすことができるだろうか？　大学教師の仕事は知的な活動に他ならないのだ。

私は、残念ながらというべきか、幸いにもというべきか、ゴルフも、釣りも、パチンコもしない。趣味といえるかどうか、酒を飲む、酒場に出入りする、これだけである。それに、一年

の大半は在宅である。そんな生活が40年以上続いてきたことになる。

はたして喜ぶべきことなのか、この生活で、ほとんど退屈したことがない。友人たちは、「そんなに仕事をして、何が楽しいの」という。特別にこれが楽しい、というわけではない。しかし、仕事をしていないと、精神の仕組みがおかしくなる。1日でも本を読んでいないと、3日でも原稿を書いていないと、不安になる。

つまりは、仕事をしているから楽しいのである。どんなに楽しそうに思えることがあっても、仕事から遠ざかると、楽しみが半減するのだ。大学教師であるということは、こういう存在になることだ、と断じるつもりはない。

しかし、本の中に無限の楽しみが詰まっている、という実感をもって生きることは、人間として転倒した生き方だとは、どうしても思えない。本の中とは、人類が長い間蓄積してきた、知的遺産の中に、ということだ。

関心に感動——アリストテレスの「生地」に近づくだけで、知的血が騒ぐ

2002年、ギリシアを訪れた。一度行ってみたかった国だ。何といっても、哲学の故郷である。プラトンやアリストテレスの国だ。アテネに着いて、北に向かった。飛行機で行く予定が、豪雨のため、バスになった。ギリシアは農業国で、どこへ行っても田舎で、広い。これが

私の第一印象だった。

翌日、マケドニア地方に入った。地図を食い入るように見ていたが、果たせるかな、右手の山を越えた向こうがアリストテレスの生地だというガイドの案内があった。ブッシュ（低木）で覆われた何もない、なだらかな丘陵の向こうである。

ただし、ガイドはアリストテレスのことはほとんど知らない。正確には、そこはアリストテレスの母の生地で、彼がアテネを追われるようにして出てきて、そこで死んだ場所であった。

アリストテレスは、アテネ人にとっては、外国人であった。しかも、アテネは母国マケドニアに敗北し、半ば占領下にあった。そのマケドニアの王がアレクサンドロスである。アリストテレスは若きアレクサンドロス王子の家庭教師をしていたという関係である。大王の「先生」なのだ。プラトンの死後、プラトンと比肩するにたる学者アリストテレスが、後継者の指名を受けず、アテネでいわれなき反感を受けたのには、国家間の問題も絡んでいたのだ。

そんな思いに耽っていると、バスは、やがて、ギリシア第二の都市、テッサロニキに到着した。古代マケドニアの首都である。天候は晴れて、柿色の瓦と白い壁の低い家並みがぎっしり海まで連なっている坂の町である。

別にギリシアにきたからといって、哲学の源泉がわかるというわけではない。しかし、アテネとマケドニアの距離は、ロンドンとエジンバラていどに遠いと実感できた。アテネにとって、マケドニアは、「夷」というほどではないが、田舎であり、未熟文明国であっただろう。そのマケドニアから出てきて、プラトンの下で研究生活に入り、プラトンを凌ぐほどの学者になったアリストテレスが、アテネから石もて追われるごとく出て行かなければならなかった悲しみは、わかるような気がしたのである。

どうです。多少とも知的トレーニングを積んでいると、ブッシュの丘陵に目をやっただけで、これくらいの感慨がわくのだ。なかなかのものと思えないだろうか？

仕事の充実――大学で教えることを結びつけると、仕事観が変わる

いま現に取り組んでいる仕事が何であれ、それと大学で教えようとする「学問」を可能なかぎり結びつけようとすると、自分の仕事に関するセンスが変わる。「センス」とは、感覚のことだが、関心の向かいどころ、とでもいえばいいだろう。目線、意欲、充実感である。

私は30歳をすぎて、三重の津で定職をもったとき、あまりに給料が安いので（大卒の平均初任給と同じだった）、週2回、朝夜と大阪に非常勤で通い続けなければならなかった。そんな貧しい、ハードスケジュールの生活を眺めていたのか、名古屋の予備校からウチへ来ないか、大学の非常勤講師料の倍は保証する、という話があった。

予備校の授業内容は、直接、私の研究内容とは結びつかなかった。一方、大学の非常勤は、

ともかくも哲学や倫理学である。大学受験に拘束される予備校の授業内容よりは、明らかに私の専門分野と関連があった。もちろん、給料も、時間的余裕も、予備校の講師をすれば、はるかに大きくなる。しかし私は、その誘いを断わった。

特に若いときは、専門分野で実績を上げるまでは、右顧左眄《うこさべん》しない、それに、多すぎる（？）収入は、ろくでもないことに費やされて、身を滅ぼすもとになる、そう考えたからだ。実に青臭いといわれるかもしれないが、かつても今も、それが正解だったと思えるのである。

実業の世界で仕事をしている人の場合は、なおさらだろう。暇と金ができたら、研究生活に没入できる、というわけにはゆかないのだ。貧しいから、進みたい方向を断念した、というセリフほど嘘っぽく思えるものはない。

自分の仕事に全力で取り組みながら、余力を研究＝知的トレーニングに回す。全力だから余力など生じないだろう、という議論は成り立つが、全力を出すから余力ができる、というのが紛れもない事実だ。同時に、その知的トレーニングが本来の仕事力を高めるのに貢献する。こういう生活習慣が確立したらしめたものである。

今やっている仕事が、嫌で嫌でたまらない。もっと自由な立場で自分のしたいことをやってみたい。そのためには大学教師はベターだ。こう思って大学教師になろうという人がかなりいる。こういう思いを頭から否定はできないし、するつもりもない。

しかし、社会人から大学教師に転じた人で、かつての仕事に熱中できなかった人は、大学教師の仕事、研究や教育活動にも熱中できないという事実があることを、知っておいて欲しい。それもかなりの割合でいるのだ。

知的トレーニングは、どんな仕事とも、底辺でつながっている、というわけだ。

読書——いつでも・どこでも・いくらでもできる知的生活

文系であろうが理系だろうが、頭脳系だろうが、肉体系であろうが、読書の習慣のない人は、大学教師には向いていない。こう確言できる。読書はあらゆる研究と教育の基礎である。読書の介在しない研究は、存在しない。

体育系なら、肉体トレーニングが基本である。本に書いていることは、参考資料に過ぎず、無視してもいい。こういう声が聞こえてきそうだ。スポーツジムのインストラクター（講師）でさえ、こんな乱暴なことはいわないだろう。ただし、インストラクターなら、マニュアル程度を読むだけでも、その仕事に支障が生じないかもしれない。

しかし、「体育」（physical culture）を教科として教えるのである。理論的側面も、実践的な側面も含め、講義をするのである。実技を指導するのである。どうして、先人の業績（work）を参照せずに、スムーズに行うことができるだろうか？

もし、文献は無用である、という人がいたら、大学教師は無用で、全部をジムのインストラクターに任せてもいいのだ。

読書は研究と教育の基礎である、といった。しかし、燃料、潤滑油である、ともいえる。どういう意味か？　ガソリン（燃料）がなければ車は動かない。オイル（潤滑油）がなければ、車はスムーズに動かない。読書は、ホイール（車輪）であり、ガソリンでもあり、潤滑油でもあるのだ。これが欠けた研究と教育は、その名に値しない。

それに、読書はだれもが、いつでも・どこでも・いくらでもできる、もち運び自由な知的喜びである。読書をしない人のほとんどは、本を携帯しない。本屋に立ち寄らない。コーヒーに５００円出すのは躊躇しないが、本に金を出すのはケチり、図書館にわざわざ行って、借り出し・返却に時間を空費する、精神的ケチである。安物買いの貧乏人である。

読書は、20代から持続的に続けることができる、知的トレーニングの王道なのだ。もしあなたが、読書の習慣をもたず、履歴書の趣味の欄に「読書」などという恥ずかしいことを書く程度の人なら、すぐに悔い改めて、金のあるかぎり、続くかぎり、本を買い、読むべきだ。もちろん、専門関係だけでなく、雑書もである。

えっ、そんなに本を置く場所がないって。置く場所がないほどの蔵書家なら、あなたは何の問題もありません。

第7章

定年後に大学で教える

1
いつまで続く定年後、いつまで続いても平気な生き方

定年後の生き方は、定年前の生き方で決まる

定年後のことは、定年になってからゆっくり決めよう。まずは、2、3年はゆっくり休んで、それまでたまった人生の垢や錆を落とし、リフレッシュして、新しい門出に立ちたい。こう考えている人が多いのではないだろうか？

しかし、そんなに都合よく進むだろうか？　人間は、車の部品を取り替え、車体を塗り替えるようにして、リフレッシュするわけにはいかない。車だって、エンジン部分が不調を訴えていれば、どんなに改良しても、心臓移植と同じように、エンジンだけを取り替えても、拒絶反応を起こす。

それに、2、3年休んで、一度完全に精神活動が弛緩してしまうと、元に戻すのは大変なのだ。

長期休暇をとる。南洋の孤島に行き、何もせず、ひがな寝そべって、リフレッシュしてくる。

こう言い残していった人が、リフレッシュしすぎたのか、緩んでしまったのか、帰国後、仕事の意欲がまったくなくなってしまった。こういう例はある。生きる価値観が変わるだけでなく、働きモードが作動しなくなるのだ。

定年後のことは、定年後に考える、というのはまだいい。傷は浅い。定年後に、大いなる抱負をもっていながら、その準備をほとんどしていないままに、まったく違った方向に急ハンドルで切り換えようとすると、ハートブレークする。

定年後のことは、定年前と陸続きである。直進する場合も、ハンドルを完全に切り換える場合も、心の準備はもちろん、直進、あるいは、転換の準備トレーニングをきちんと踏んでいなければ、脱輪する。40代後半から50代へかけて、転換の準備が不可欠なのだ。

定年後は長い。異常に長い。何をしたいの？

私たちの祖父の時代は、50歳で引退（リタイア）した。「隠居」という洒落た言葉もあった。現在は死語だろう。引退した後は、「余生」である。残余だ。おまけである。

ところが、現在、高齢社会になった。60歳で定年を迎えた人、つまりは60歳まで生きた人の平均余命数は、日本で、男が22年強、女が28年である。確実に80〜90歳まで生きるのだ。長い。

しかも、この期間、なすべき仕事がないとしよう。ますます長いと感じないだろうか？　大丈夫、やりたい趣味、旅行、旧交を温める、ボランティア、等々スケジュールはなんなく詰まる予定だ。こう思えるだろうか？

仕事のない20年、私はこのような期間を、少しも待望できない。楽しいものだ、とも思えない。

しかし、仕事がある20年なら、今までの仕事をやりながら、新しい仕事に挑戦しよう。そう思ってきた。大学教師の定年、65〜70歳以降は、今までの仕事を減らして、新しい仕事にエネルギーを割く、というやり方でだ。

仕事とともにある趣味、旅行、交友関係、ボランティア、これなら余生はますますバラエティに富んだものになる。そう思えないだろうか？　それに、大学教師なら、70歳以降も、非常勤なら、やろうという意思があれば、可能である。

仕事のない延々と続く余生か、仕事とともにあるもう一つの人生か、これが分かれ目である。

人生は長く、芸術は短い

「人生は短く、芸術は長い」（Art is long, life is short. Ars longa, vita brevis.）は、医者の開

祖といわれる、古代ギリシアのヒポクラテスの言葉である。

「人生は有限だが、芸術（の価値）は無限に生き続ける」。こう人口に膾炙《かいしゃ》されてきた。しかし、ヒポクラテスがいいたかったのは、アート（ラテン語＝アルス）すなわち技術（医者の技術）を身につけるには、人生は短すぎる、ということである。学問の奥は深く、その蘊奥《うんのう》を極めるには、個人に許された人生はあまりに短すぎる。こういい換えることもできるだろう。これはこれで、的確な言葉である、といえるだろう。

しかし、高齢社会である。同時に、高速度社会である。

一つの技術を身につけさえすれば、一生、食いっぱぐれのない人生が約束された時代が、ついこの前まであった。手に職をもつ、職人になるということが、独特の意味を帯びた時代である。「包丁一本、さらしに巻いて……」は、包丁一本さえあれば、日本中、どこへいっても食べていくことができる、という板前の心意気を歌った演歌だ。

しかし、技術が高速度で変わってゆく時代だ。昨日有効だった技術が、今日不要になる、というほどではないにしても、昨日まで最新といわれた技術が、今日は旧技術として、市場から消えてゆく。こういうドラマが日常茶飯事に起こっている時代に、私たちは生きている。

一生のうち、どれだけの技術を身につけたら、安心して生きてゆけるか、などは計算できなくなった。まさに「技術（アート）は短いが、人生は長い」である。

老後の生き方に「アクセント」をつけたい

老後に仕事のある生き方を、といった。しかし、フルタイムの仕事である必要は、かならずしもない。

ある大手の企業が、定年を60から65に引き上げようとした。ついては、定年延長に応じる希望はあるか、というアンケートを採った。驚いたことに、20パーセントしか希望者がいなかったそうだ。この数字を、定年後まで働きたくない、という人が圧倒的に多い、と読むことができる。しかし、これまでと同じ職場で、同じ仕事内容で、ランクも給料も下がってまでやりたいとは思わない、と読むこともできる。

老後に、違った仕事に挑戦する。仕事内容が似ていても、違った場所や、違ったやり方で行う。つまりは、これまでの生き方のたんなる延長ではなく、違った人生軌道に向かう。これは心踊りすることではないだろうか？

老後の生き方に「アクセント」をつける、それが老後の生き方の基本だろう。アクセントの中心に仕事がある。その仕事が、これまでの仕事の延長であっては、概してつまらない。アクセントにならない。それに、早かれ遅かれ、打ち止めになる。

人生に強度＝歌（カント）を加える、それがac-canto《アクセント》（ラテン語）である。潤いであり、潤滑油である。それがあれば、他のことがスムーズに、しかも快く進む。老後の人生に、一本筋がとおった生き方を求める。

私は、この高齢・高速社会で、一人の人生は、三つの「峠」を越えるのがいいと、主張してきた。一生に三世を生きる、である。

第一の峠は、35歳前後、自分の仕事を確立するときだ。第二の峠は、55歳前後で、今までの仕事を完成し、新しい仕事の準備を確立するときだ。第三の峠は、75歳前後で、仕事をリタイアするときに当たる。普通の意味で、老後とは、この峠を越えた後である。

じつは、定年以降を充実して生きることができるかどうかは、第二の峠をうまく越えることができるかどうか、にかかっているのである。

第二の峠を越えて、60～70代にアクセントをつけて生きる具体例として、大学教師の仕事はかなり有力なのである。かなりというより非常に有力である、といってみたい。

自分が一生かかって蓄積した知識や技術を伝えたい！

人間は言葉で自己表現する存在であり、自己表現することを渇望する存在だ、といった。

大学の教師の仕事＝教育・研究は、そういう人間存在にとって、まさにどんぴしゃりだと思うだろう。

ところが大部分の人は、自分が一生かかって蓄積した知的・技術的富を、闇に留めて、朽ち果てさせてしまうのである。「もったいない」ということがよくいわれるが、ものを大事にすることよりも、もっとこの無形な知的富に光を当てることを大事にすべきだろう。

だから、誰彼となく、知的なことに興味をもって生きてきた人に、思い切って公開することを大いに勧めているのである。少なくても、日向で虫干しし、一つ一つを手にとって、点検してみる必要があるのではないか、とうながしてきたのである。

この公開の一つが、若い人＝学生に知識と技術を伝える大学教師の仕事である。もちろん、講義内容は、たんなる自己表現ではない。一定の知的水準が要求される。しかし、その内容を表現するのは、教師であり、その教師の知的力を背景（バックグランド）にしているのである。背景、というだけでは弱い。基盤（ベース）といおう。

2 知的蓄積は死なず――高齢パワーの活用

君の宝を脳の中に眠らせたままでいいのか

高齢者の最大の富は何か？　経験である。それも、体力として身についた経験＝蓄積より、知的な経験＝蓄積のほうが大きいのではないだろうか？

体力的経験は、高齢化とともに退化し、減退する。対して、知的経験は、その退化度、減退度が小さいだろう。もっとも、知的トレーニングを積んでいればの話ではあるが（ただし、肉体的経験だって、トレーニング次第では、退化を防ぐことはできる）。

重要なのは、あなたが半生で蓄えた知的能力を、そのまま眠らせたままでいいのか、ということだ。その蓄積をベースに、新しいトレーニングによって、知的活動を再生できないだろうか？　できる。大学教師という仕事は、むしろその再生をうながす。こういっていいだろう。

普通、どんな能力でも、使わなければ退化する。今までと違った使い方をすると、飛躍的な力を発揮することがある。

もう一度いうが、正業で培った能力は、きちっと仕事をしていれば、想像以上の大きさなのだ。その能力、とりわけ持続力や集中力を、まったく違った場面で使うとしよう。最初は、ちぐはぐだが、そのうち眠っていた潜在力も含めて、水を得た魚のように力に満ちた活動が可能になる。

これに対して、どんなに意欲をもっていても、自分の仕事にエネルギーを十分注ぎ込まず、そのための知的トレーニングをネグレクトした人は、大学教師になったとしても、大した力を発揮することはできないだろう。すぐにガス欠になってしまうだろう。

眠ったものを吐き出す快感

蓄積した知的エネルギーを使わないことは、「もったいない」のである。逆に、そのままにしておくと雲散霧消してしまうエネルギーを使うのは、生理的、精神的になかなか気分のいいものである。蓄積したものを、思い切って吐き出すのは、「カイカーン!」なのだ。

食べたものは消化する。消化した後の残物は、排泄物となって、体外に出る。これが出ないと、苦しい。体のいたるところが、異常をきたす。老廃物が蓄積されたままになるからだ。

眠った知識や技術は、少し事情が異なる。出したら、なくなる、という性格のものではないからだ。

知的な蓄積を外部に出すことは、それに具体的な形を与えることである。絵を描く能力を吐き出すのは、絵を描き、作品を生みだすことだ。眠っていたものを外に出すことによって、快感を得るが、同時に、内部に更新された能力を再蓄積することにもなる。外に新しい仕事を残すことによって、内部が充実・更新され、存分な満足感をもつことができる。

大学教師になって、知的再トレーニングをし、仕事に励むことは、人間の自己充実、知的再生を図る行為でもある、ということを知って欲しい。

何か、大げさなことをいおうとしているのか？　そうではない。知的トレーニングも含めて、教師稼業で全力を尽くすことは、精神的にもいい、ということなのだ。

エネルギーは出せば出すほど出てくる、甦ってくる

それに、エネルギーは、体力であろうが、知力であろうが、出せば出すほど出てくるのである。新しい力が沸いてくる。出し惜しみをすると、枯渇するのだ。

学者＝教師の仕事は、教育においても、研究においても、少しも力を出し惜しみする必要はない。知的エネルギーの出し惜しみほど、もったいないものはないのだ。

それでいいたい。大学教師に向いている人は、ガンガン仕事をやり、知的にも体力的にも、さまざまな方面で肺活量の大きな仕事をした人だ。青白い、もやしのような生き方をしてきた

人は、一見知的だが、つきることのない知的活動に従事するのには向いていない。

もっとも、舩山信一先生（人間学的唯物論の研究で戦後思想に影響を与えた哲学者、立命館大学名誉教授）は、いつも重い風呂敷包みを抱え、いまにもその重さに耐えきれずに倒れる、というような体《てい》で歩いておられた。実際、病弱な体質だった。

しかし、その知的エネルギーは膨大だった。晩年に、『フォイエルバッハ全集』（福村出版 全18巻）を個人訳され、『舩山信一著作集』（こぶし書房 全10巻）を残された。つきることのないエネルギーを放出されたわけだ。これは、若いときから、先生が、知的活動に休むことなく全力で立ち向かってきたことの証拠である。

舩山先生のような例外はある。しかし、その場合も、絶えることなく知的精進を重ねた結果である。自分の病弱を理由に、省力化ですごしてこなかったからだ。

知的業績を発表する快感

私の知人のNさんは、社長夫人である。お金に不自由はないはずだ。Nさん、書くのが好きだ。小説を書いて、かなり名の通った文学賞を受賞した。賞金が当たる。その他に、新聞にエッセイを連載した。ラジオ番組に出る。カルチャーセンターの講師を引き受ける。Nさん、賞金や原稿料等で得たお金は、専用の通帳に入れるそうだ。

知的活動で得た1万円と、家計費の1万円とは同じである。しかし、Nさんにとって、前者で得た金は、ただの1万円ではないのだ。自分の知的作品ならびにその価値と直に結びついている。受賞したときのうれしさ、新聞紙面を飾ったときの面はゆさ。どれも、特別なもののように感じられるからだ。

知的活動で得た金に、喜びが付随しているのか？　そうではないだろう。知的活動を行った「成果」を発表し、評価されたことに対して、快感を覚えるのである。

知的活動を特別高級なものだ、といいたいのではない。大学教師の仕事が特に価値あるものだ、といおうとしているのではない。そうではなくて、総じて人間は、善し悪しにかかわらず、精神的活動に対して特別の価値を付与したいのである。何度も述べてきたように、知的活動が、人間の本性に適っているからだ。

だから、知的業績を発表すること自体に快感を覚えるのは、人間本性に適うことなのだ。その上、その業績が評価され、対価を生むと、喜びが増す、というわけだ。

知的精度は高くなくていい。緻密でなくていい

長い時間をかけて研究教育活動を存分にやってきた人と、50代にようやく研究活動をはじめようとした人との、知的活動力の差は、考えられているよりは大きい。こう考えてもらいたい。

しかし、最初の知的精度はそれほど高くある必要はない。独創的かつ他の追随を許さないほどの高級なものである必要もない。もちろん、それをただちに狙う必要はない。

最初は低いバーから行く。これが常道である。専門書を読み、その緻密さに驚くのはいいが、畏れ入る必要はない。専門書の緻密さは、長い時間をかけて成し遂げられる性質のものだからだ。自分でも、10年、20年と続けることで獲得しうるものだ、と思うべきだろう。

その場合も、精度や緻密さをあげる秘術は存在しないのだ。もちろん、勘のいい人、眼の利く人はいる。それだって、ほとんどは長い時間をかけて獲得したものである。

それでも、初心者ではない。正業で培った力がある。そのままでは大きな力を発揮しかねるかもしれない。しかし、知的エネルギーの大きさは存分に活用すべきだ。

そう、あまり欲張らず、まず第1期計画として、5年で論文と著書をもつ程度を目指したらいい。何度もいうが、最初は、基本文献を集めることからはじめるがいい。

3　第二、第三の人生を生きる

大学で教えることを60からのメインストリートにする

人生には、大略三つの峠があるといった。つまりは、比較すれば、三つの異なった人生を生きるということだ。「峠」とは「転機」(turning point)でもある。しかし、これは大略であって、個人個人で事情が異なるのは、当然だ。しかし、こういうことは是非わきまえておくべきだ。

30代で転機をはかると、40代から新しいキャリア(career)がはじまる可能性が出る。大学教師に転じる場合、およそ5〜10年の準備トレーニング期を必要とするのだ。50代で転機をはかると、定年後に大学教師になるチャンスにめぐりあう可能性が出る。

定年後、大学教師になろうとすると、能力や努力の差にもよるが、すでに研究業績もあり、現有能力でそのまま教師に滑り込める人は別として、安定したポストを得ることは難しい。どの大学も、常勤教師に対して補助金がつくのは、70歳が限度だからである。

したがって、定年後、大学で教えることを人生の中心軸に置こうとするなら、遅くても、50代のはじめに準備をスタートさせなければならない計算になる。

研究教育が好きな人にとって、週2回程度の出校は苦にならない。むしろ、健康にも、精神衛生上も、いい結果を生むだろう。それに、自宅研修でも、毎日が新しいことへの挑戦だから、リフレッシュ感を満喫するに違いない。

定年後から準備をはじめて大学教師になる

定年後から準備をはじめて、大学教師になるのは、はたして可能か？　こう問われたら、十分可能だ、と答えたい。ついで、大学で教えることをメインストリートにすることは可能か、とさらに問われたら、不可能ではない、と答えたい。

もちろん、条件がある。定年後、はじめて大学教師に挑戦しようという人にまず勧めたいのは、きちっとした大学院に入り、研究教育のトレーニングを積み、研究教育のなんたるかをマスターすることである。迂遠《うえん》なようだが、これがいちばん近道である。

そして、その研究教育能力を大学教師や学会に評価される必要がある。独り立ちの研究教育者と認められることだ。

およそ、10年間の準備期間がある。教育研究能力が周知のものとなれば、70歳を超しているから常勤は無理だが、フルタイムに等しい講義量を非常勤で得ることが可能だ。70歳を過ぎて、自分が懸命に研究した成果をもとに、講義を展開することは、最初は困難をともなうものである。しかし、ある程度健康で、頭脳のほうがクリアーならば、かなりの期間講義を続けることは可能である。

それに、何はさておき、大学に出向いて、教壇の前に立って、90分間、話し続ける自分を発見するのは、なかなかにいいものではないだろうか？

60、70歳からのサブストリートにする

第二、第三の人生を送っていて、それなりにメインストリートはある。あるいは、完全にリタイアした、しかし、何か知的に物足りない。そう思っている人が、大学で、通年講義1コマ、集中講義、特別講義で90（分）×5回、あるいは、1年に1～2回の講義をする。これは、臨時職としては、かなりお勧めの仕事ではないだろうか？

これらは、一見、講演に似ている。しかし、大学で講義をするのである。一応は、カリキュラムに適った内容の展開が必要だ。講義概要も公表される。いいかげんな講義は許されない。「名称」はどうであれ、大学で講義を担当するのである。大学教師の仕事であるのだ。

私はこの20年間、今の大学に来て、受け持ちノルマ以外に特別講義を開き、通常のカリキュ

ラムでは展開しにくいテーマを講じてもらうために、自分の周囲にいる様々なジャンルの人に、ゲスト講師を務めていただいた。総勢でいえば、30人をくだらないのではないだろうか？

その中には、60、70を過ぎた人も混じっている。若い人より、こちらの人のほうが、用意周到な授業を展開する。意欲もある。力もある。当然と思える。60歳を過ぎ、何の経験もないのに、大学で、たとえ短い時間であれ、講義を受けもつのである。ある程度の知的自負心がなくてはできないし、やりたくないものだろう。

そして、最もうれしいのは、安い「講師料」（？）でも、嬉々としてやってもらえることだ。大学側も、ボランティアも含めた、このような形の「民活」講義をもっと幅広く展開してもいいだろう。

大学で教えたことの実績と実感

もう亡くなられたが、私が特別講義を開いていることを知って、「ぜひ私も教壇に立たせてほしい。たとえ1時間でもいいから」と申し出た人がいた。「どうしてそんなに大学で教えたいの？　なかなかしんどいよ」というと、「名刺に非常勤講師と記したい」と率直にいうのだ。加えて、「商売上、大学の非常勤であるというのは、プラス価値に働く」という。あまりに率直なので、苦笑してしまった。2時間だけだったが、数年間受けもってもらった。

こういう例は、一見すると、「論外だ。邪道である」という非難を浴びるかもしれない。しかし、大学で教えたという「実績」、その実績を好ましく思う世間の評価に対する手ごたえ感（実感）は、貴重ではないだろうか？

大学教師の仕事は、外から見ると、一種の晴れ舞台に思えるらしい。もちろん、実態はそれとかけ離れている。だが、長い教師生活を振り返ってみると、この仕事を好ましく思う中に、社会的なプラス価値がある、とずっと思ってきたことも事実である。

大学で教える、そんな経験を買って出てくれる人が抱く感情を、私は大切にしている。根底にあるのは、知的活動に対する好ましい感情だろう。

教えたこと、教えたりなかったことを、書いて残す

教壇に立つ。そのために研究活動をする。知的活動の基本トレーニングを受ける。これらの経験は、なかなかいいものだ。それだけではない。

Kさんは、５回の講義のために、あらかじめ原稿を書いてきた。すばらしい。

私は講義を頼んだ人には、たとえば５回分の講義なら、著書一冊を書くぐらいの気合いを込めて、準備をして欲しい。講義を終えたら、内容をぜひまとめて、出版して欲しい。こういってきた。報酬は雀の涙だから、まあそれに準じた内容でもかまいません、などとはけっしてい

わない。

講義は公開される。著書とは、出版＝公刊されたもののことだ。知的に未熟な学生の前では「通用」するが、知的世界では通用しないものを講義されたら、私ははっきり講師にいうことにしている。公開＝公刊に堪ええない、と。これがなかなかきついらしい。このきつさに耐えることができない人は、知的活動に向かないから、即刻退場することを勧めることもある。

書いて、残すということは、批判をされることを意味する。批判されるのが嫌いなら、書かない、残さない、そして講義しない、大学教師にならないのがいいのだ。ところが、大学教師ほど、批判されることを嫌う人種はいないのではないだろうか？　これでは困る。大学教師に転じようとする人たちにも、肝に銘じて知って欲しいことである。

4　大学教授の新しい生き方

高齢・高速・消費社会に私たち日本人は生きている。時代が変わる。生き方も変化する。大学も変わる。大学教師のあり方も変わる。全部、現在進行形である。そして、この傾向は当分変わらない。

大学教授に専念する

大学教授職だけを収入源として生きる。これは今後もありうる形である。

しかし、大学からだけの収入で生きることは、今後ますます難しくなるだろう。というのも、大学が支給するのは「生活」費である。研究教育するに十分な金額からは遥かに遠い。

教師は公的・私的研究費（助成金）をもらわなければ、給料の範囲内では、研究室も、資料費も、取材費ももつことはできない。えっ、大学から研究費が出るじゃないの？　といっても、1～2回学会出張し、20～30万円の図書を買えば消えてしまう。この程度では、たんなる補助費にしか過ぎない。

したがって、大学教師専業の大半は、これまでも、これからも、さしたる研究活動をしていない、できない存在である。

二～三の仕事をもつ

たとえば、こういうスタイルの教師がいる。①大学教授で、教育をフルタイムでこなし、実務会計論を教える。②公認会計事務所を経営する。③タレントとして、TV出演や講演活動をこなす。

仕事量は、②-①-③の順である。社会的認知度は、①-②-③の順だ。収入の大きさは、③-①-②の順である。

内容は異なるが、私も50代の半ばから、この例に近くなった。

「正業」を三つももっていたら、どれも中途半端になる。こう思われるだろう。人によりけりだ。相乗効果で、一つに専念しているより、いい結果が出る。特に、大学教師の仕事にとってはプラスになる。話題・関心・情報が抱負になり、学生の関心を引きよせる要素ともなる。もちろん、マイナス面もある。しかし、カバーすることはそんなに難しくない。

大学教師をアクセントにして生きる

①大学教師を主たる活動範囲とする。フルタイム、ないしはそれに準じる形だ。
その他に、②臨時で医療・福祉系の専門学校で教える。アルバイトもあるが、若者の職業教育の実際を肌で感じるためのトレーニングの一環である。

さらに、③身障者のためのボランティアをする。たとえば、福祉施設の理事を務め、経営の一端を担う。

仕事量は、①が主で、③-②の順だ。収入は、①がほとんどで、②は些少、③は無料である。②と③は一種のフィールド研究ともいえる。

こういう、教師を専業にしながら、自分の教育研究のためにも、地域社会に貢献するためにも、アルバイトやボランティアをもつスタイルは、もっと増えるだろう。

非常勤「専用」教師――フリーター大学教授

私がこれから注目したいのは、先述したように、非常勤講師を「専業」とする、フリーランサーとしての大学教師である。

教育研究者の能力を、毎年、あるいは、半期、ときには1～5時間単位で、大学から買ってもらう。いってみれば、芸能人の出演契約に似ている。

そういえば、大学教師もタレントである。文学部のことをfaculty of literatureという。ファカルティとは「能力」のことで、文学部の「部」とは、教授団＝能力ある者の集まりのことだ。このfacultyとtalentは同義である。タレントのない教師とは、芸のない芸人同様、案山子（ダミー）である。

ボランティアとしての大学教師

さらにいえば、定年後に教師（タレント）になろうとする人に、大いに期待されているのが、ボランティアとしての教育・研究活動ではなかろうか？　これはまだ伏流状態だが、すぐに大きな流れになる予感がする。

教えるのが好きだ。教えることによって、老後の生活に精神的にも肉体的にも張りが出る。社会と、特に若い人といつまでもつながりをもち、広い視野や、新しい波に敏感でいたい。

こういう志向の人が、人材バンクあるいは大学の講師バンクに登録し、採用されて、教育研究活動に励む。私の能力をぜひ大学教育に利用しなさい、と押しかけてもいいではないか。これこそボランティア（好きでやること）の本義ではないだろうか？

社会人が、定年後、どういう形で大学教師を目指すかは、大変重要なことだ。重要なのは、新しい人材開発とともに、自分自身の生き方と深く関わる、ということだ。

おわりに

嬉しいことがあった。いまに続いている。

昨年（２００５年）11月末、島根県立島根女子短期大学の松岡宏明さん（美術工芸専攻）が来札されたからだ（本書の１３５頁ではＭＨさんとして紹介）。文部科学省の科学研究費による研究実践旅行で来られたそうで、その間隙をぬってススキノで落ち合うことができた。

松岡さんとの「つきあい」は古い。『新・大学教授になる方法』（ダイヤモンド社・２００１年）でも詳しく触れたが、そのときは匿名あつかいだった。あらためて紹介しよう。

松岡さんから最初の手紙をいただいたのは１９９７年11月である。原稿用紙に直すとおよそ30枚ほどの分厚いものだった。要約すると次のようになる。

1、『大学教授になる方法』と『……・実践篇』を読んでそのマニュアル通りに実践し、大学教授（専任講師）になった。

2、教育大学出身で、偏差値は50前後であった。

3、中学教師だった。１９９１年から大学院に入り、教職を続けながら、研究と家庭を両立させるという「怒濤」の5年間を過ごし、著書2点（共著）、論文2点、口頭発表2点をものにして、指導教官に勧められ、公募に応じて、コネもないのに採用が決まった。

以上に対する私のコメントである。松岡さんは幸運だった。しかし、幸運も能力と努力の結果である。

（1）中学教師という「本業」を疎かにしなかった。

（2）大学卒業後およそ10年で大学教師になった。

（3）そして、その後の松岡さんとの文通でわかったことだが、奥さんの支持があった。

以上三点が特に重要である。

この最初のメール以来、松岡さんから毎年、研究活動報告が寄せられ、助教授になったこと、さらには2006年度、中京女子大学の専任助教授になることが決まったと知らされていた。新ポストゲットのお祝いもかねて、飲みましょう、というのが私の返答だった。

お会いしてみると、松岡さんは想像とは異なって、ちょっと小太りの元気はつらつ青年だった。酒も好きということで、馴染みの肴の美味い店に行き、居酒屋、スナックと渡り歩き、あっという間に楽しい5時間が過ぎた。何よりも嬉しかったのは、松岡さんが大学の「水」（エレメント）を自由闊達に泳いでいるありさまが如実に見えたことだ。その中心に研究と教育があることだった。

しかし、松岡さんのようないい事例ばかりではない。ときに「暗い」ケースも知らされる。大学教授になりたい。大学院に進んだ。職も辞め、退路を断って、懸命に努力した。しかし、チャンスはついにやってこなかった。家庭崩壊状態になり、「自殺」した。こういう事例が友人に起きた、という痛ましいメールがつい最近飛び込んできたのだ。

私の古い友人のなかにも、大学に定職をえることを目指しながら、還暦を過ぎてなお非常勤講師のままの人も、一人いる。

それに大学教師を取り巻く環境の変化がある。少子化の影響がもろに出はじめた。大学倒産の危機が叫ばれはじめて10年になる。国公立大学の独立法人化の結果が出はじめた。大学のポストが減り、任期制の導入で安定したポストでなくなる。それに短期成果主義、競争原理導入の悪影響が出はじめた。しかも、全員入学状況で学生の質がどんどん低下している。

こういう大学環境の変化から、大学崩壊論、大学無用論が再び脚光を浴び、何度目かの「大学は出たけれど……」や「女子大生亡国論」「大学幼稚園化」と同種の批判や非難が起こっている。

しかし、一方では知的訓練を一切拒否し、職に就かずに過ごしているニート層が問題になっているのだ。他方では、終身雇用制が崩れて、職の流動化（転職）の機会が大きくなっている。その背景となっているのは自由競争原理の導入を不可避とする、高速で変化する技術革新の時代であることだ。この知識や技術の訓練と修得を人はどこで確保できるのか？

たとえば、国立大学の独立法人化は、産学協同への門戸を大きく広げた。いまや「大学」の中にビジネスチャンスが落ちている、といわれているのだ。新技術に対応する能力を育て輩出する高等教育機関こそが求められている。その大学に適応する人材＝教師が求められている。

要約すれば、大学は古いタイプからの脱却を不可避としているのだ。新しい大学が現にあるわけではない。これからつくり上げてゆかなければならない。このとき、ビジネス社会で知的に揉まれた人材以上に頼りになるものはいない、というのが私の年来の意見である。

しかし、そのままで社会人が大学に参入して即戦力になるという例は、考えられているほど多くはない。ほとんど稀である。こう断言していい。

大学教師の仕事は、社会人が横滑りしてすぐに力になる、というほど簡単ではない。想像以上の知的研究と教育のトレーニングが必須なのだ。はっきりいって、フルタイムで知的研究に没頭できる「性癖」（好み）のある人でなければ、よく務まらないのだ。社会人から大学教師になった人の過半が、数年で倦《う》み疲れるのは、知的トレーニングが苦手だからである。

社会人が進む大学院は、大学教師になろうという人の知的トレーニング場所である。まずこの点を確認してほしい。同時に、大学教師の適性があるかどうかを計る場所でもある。研究や教育が苦手だとさとったら、すぐに撤退する。これも生きる知恵なのだ。

ところで、大学院が社会人に大きくその門戸を広げている。この意味の一つに、定年後の生き方の問題がある。大学院が新しい仕事（ポスト）をえる手段であるだけでなく、新しい生き方を獲得する入り口である、ということをぜひ確認してほしいのだ。

先に述べた松岡さんは、大学にポストをえるまでは、たしかにその可能性を夢見ていたが、ポストがやってこなくても、研究できる能力を磨いたことに人生上の意義を見いだすことができただけでよかった、といっていた。これは大学院で学ぶ重要なポイントである。

何ごとかを探究して生きる能力をもつ。これは高齢社会で充実して生きる最も確実な方法ではないだろうか？　このことと大学教師になることとの関係を、本書で説得的に論じることも、本書執筆の動機であった。

本書は、『自分で考える技術』（1993年）以来、編集者と著者との関係で長くつきあってきたPHP研究所の阿達真寿さんの企画によってなった。いつものことであるが、ありがとう。

2006年1月23日　深雪に埋まる馬追山から

鷲田小彌太